汽车行业质量管理实用指南系列

质量管理控制计划实用指南

王丽春　编著

机械工业出版社
CHINA MACHINE PRESS

《质量管理控制计划实用指南》基于2024年发布的产品质量先期策划（APQP）和控制计划（CP）两本手册，结合IATF 16949的要求，并融入作者多年工作经验编写而成。本书首先介绍了控制计划和控制理论基本知识，总结了行业对控制计划的要求，讲述了控制计划和其他质量管理工具的关系，总结了控制回路、控制阶段和各种控制方法，阐述了各生产阶段和控制计划的关系；接着用理论与案例相结合的方式深入浅出地详细介绍了控制计划创建和更新的步骤；最后讲解了特定情境下控制计划的处理和控制计划的良好实践。

本书编写的目的是帮助读者理解内外部对控制计划的最新要求，学习最佳实践，使读者能够制订一份完美的控制计划，以满足质量体系要求、内外部顾客要求，以及质量策划和控制要求。本书适合汽车行业以及其他行业从事质量、设计、工艺、生产、物流、服务等工作及对质量管理感兴趣的各类人士阅读参考。

图书在版编目（CIP）数据

质量管理控制计划实用指南 / 王丽春编著. -- 北京：机械工业出版社，2025.6. -- （汽车行业质量管理实用指南系列）. -- ISBN 978-7-111-78536-1

Ⅰ．F426.471-62

中国国家版本馆CIP数据核字第2025D1J894号

机械工业出版社（北京市百万庄大街22号　邮政编码100037）
策划编辑：母云红　　　　　　　　责任编辑：母云红　巩高铄
责任校对：卢文迪　李可意　景　飞　封面设计：马精明
责任印制：单爱军
北京盛通印刷股份有限公司印刷
2025年7月第1版第1次印刷
184mm×260mm・11.25印张・187千字
标准书号：ISBN 978-7-111-78536-1
定价：69.90元

电话服务　　　　　　　　　　网络服务
客服电话：010-88361066　　　机　工　官　网：www.cmpbook.com
　　　　　010-88379833　　　机　工　官　博：weibo.com/cmp1952
　　　　　010-68326294　　　金　书　网：www.golden-book.com
封底无防伪标均为盗版　　　　机工教育服务网：www.cmpedu.com

前 言
Preface

我的上一本书《失效模式和影响分析（FMEA）实用指南》中主要强调了策划和执行针对问题的预防措施以及探测措施，但这是不够的，在问题产生影响之前，我们可以做得更多。比如，我们可以去控制问题，也就是在合适的时间，检查、测量、监视需要关注的对象，查看是否发生异常，及时触发遏制措施并及时解决问题，把产品和过程控制在稳定且符合要求的水平，实现顾客以及组织的要求。

良好的控制离不开周密的策划，而控制计划就是策划控制的一种方法论。虽然理论上控制计划可以运用在任何领域，只要不想让事物变得更糟，都可以运用控制计划方法论策划控制方法，减少问题发生之后的损失，但本书专注于生产领域的控制计划，通过策划和执行良好的控制计划，满足产品和过程的质量要求，减少不合格成本。

IATF 16949《汽车行业质量管理体系标准》对控制计划寄予了厚望，为了控制产品和过程质量，标准正文提到控制计划三十多次。IATF 16949 从不同方面要求组织按照控制计划内容执行质量控制，比如，标准的条款"组织应确保用于验证产品和服务要求得以满足的策划的安排围绕控制计划进行，并在控制计划中形成文件化规定。"就是要求组织应该按照控制计划安排各种质量防错及检测活动。

实现质量管理体系的良好初衷需要有个前提，那就是控制计划这份用于产品和过程控制的纲领性文件本身必须质量良好，比如，没有遗漏需要控制的特性，正确地识别了需要满足的规范，策划了有效的控制方法和反应措施。否则，即使完美地执行了控制计划的全部内容，也不能实现产品和过程的质量要求。

然而，这个前提在很多时候是不能满足的，控制计划的制作质量不容乐观。就像我们看到的一样，有些人不懂控制计划的原理、逻辑和主持方法，却被要求做控制计划工作，这导致控制计划粗制滥造、逻辑混乱，根本无法指导执行文件的制订，也无法指导生产，控制计划被迫沦为纸面工作。国际汽车工作组（IATF）对全球 IATF 16949 的审核不符合项做过统计，结果显示，截至 2024 年年底，排名前十的严重不符合项中，控制计划名列第四；排名前十的一般不符合项中，控制计划名列第三。

正是上述原因触发了《质量管理控制计划实用指南》一书的写作。我希望通过本书帮助读者正确而深刻地理解和应用控制计划的系统方法，以不辜负 IATF 16949《汽车行业质量管理体系标准》对控制计划工作成果的殷切期望，帮助组织实现产品和过程的质量要求，在此过程中，个人也得到提升。

我在研究和从事 FMEA 工作的同时，也在研究和运用控制计划，迄今已十年有余，一直担任控制计划方法培训师及控制计划主持人，至今培训过的工程师达数千人，主持过的控制计划会议达上万场。这些经历正是我有信心深入写作本书的原因。

本书的第 1 章是认识控制计划，介绍了控制计划方法以及控制计划与其他质量工具的关系。第 2 章是认识控制理论，包括认识生产阶段及认识控制方法，目的是介绍每个生产阶段适用的控制方法。第 3 章介绍了行业对控制计划的要求，包括分别来自 IATF 16949、VDA6.3 及《控制计划参考手册》的要求，满足这些要求能提高组织运用控制计划的成熟度，降低产品和过程的风险。第 4 章总结了制订控制计划的六个步骤，分别是策划和准备、确定过程和顺序、识别控制对象、计划控制方法、计划反应措施及结果文件化。第 5 章介绍了更新控制计划，讲述了更新控制计划的时机和方法。第 6 章总结了特定情景下的控制计划，包括特定情景下创建控制计划的要点。第 7 章向读者分享了关于控制计划的良好实践，其用意是激发灵感、鼓励创新，使控制计划过程不断朝着最佳方向迈进。

本书的特点是理论和案例相结合，这些理论和案例不仅来自我多年研读标准和手册的总结，也融入了汽车行业控制计划的良好实践及控制计划实战专家多年的经验，比如如何完整地识别产品特性和过程特性、如何策划抽样样本量以及抽样频次、如何定义控制方法、如何策划反应措施、如何根据不同情景策划相应性质的控制计划、如何实现控制信息从上层文件落实到实际操作等。这些良好实践解决了传统控制计划中的弊病，也改善了控制计划的效果和效率。

编写本书的目的不仅是为读者介绍如何正确理解控制计划，进而完成优秀的控制计划文档，而且要让读者通过控制计划的过程和成果深刻理解产品和过程，策划和执行对产品和过程适当的控制方法和反应措施，从而满足产品和过程的质量和成本要求，赢得顾客满意和青睐，并获得实实在在的经济效益和社会效益。因此，无论是为了控制计划入门，还是为了控制计划改进；无论是为了提高产品质量，还是为了降低生产成本，本书都是读者理想的学习资料。

  本书的顺利完成离不开领导、家人和朋友们的支持和奉献，衷心地感谢他们！

  书中有些观点可能存在不足之处，有些内容也可能存在疏漏；在学习和应用控制计划的过程中，各位读者也可能会碰到问题或困难，欢迎大家通过电子邮箱 hiwlc@163.com 与我联系，让我们一起讨论，促进彼此的共同成长！

作者

目 录
Preface

前言

第 1 章 认识控制计划

1.1 控制计划概述 // 001

    1.1.1 控制计划的定义 // 001

    1.1.2 控制计划的作用 // 004

    1.1.3 控制计划的历史 // 007

    1.1.4 控制计划的逻辑 // 008

    1.1.5 控制计划的类型 // 010

1.2 控制计划和其他工具 // 016

    1.2.1 控制计划和过程流程图 // 016

    1.2.2 控制计划和试验设计 // 018

    1.2.3 控制计划和FMEA // 021

第 2 章 认识控制理论

2.1 认识生产阶段 // 025

    2.1.1 生产之前 // 025

    2.1.2 生产之中 // 026

    2.1.3 生产之后 // 030

    2.1.4 后续生产 // 031

    2.1.5 长期生产 // 032

2.2 认识控制方法 // 033

    2.2.1 防错 // 033

    2.2.2 全数检测 // 035

    2.2.3 抽样检测 // 036

    2.2.4 统计过程控制 // 039

    2.2.5 记录 // 042

第 3 章 行业对控制计划的要求

3.1 IATF 16949 的要求 // 045

    3.1.1 创建和批准 // 045

    3.1.2 必要的内容 // 046

    3.1.3 应用场景 // 047

    3.1.4 监视和审核 // 047

    3.1.5 更新和升级 // 048

3.2 VDA6.3 的要求 // 049

    3.2.1 创建的时机 // 049

    3.2.2 必要的内容 // 049

    3.2.3 更新和升级 // 049

3.3 《控制计划参考手册》的要求 // 050

    3.3.1 文件和评审 // 050

    3.3.2 特性管理 // 051

    3.3.3 特定内容要求 // 051

    3.3.4 防错和目视检查验证 // 052

第 4 章 制订控制计划

4.1 策划和准备 // 053

    4.1.1 建设团队 // 054

    4.1.2 收集资料 // 054

    4.1.3 收集教训 // 055

    4.1.4 填写表头 // 056

    4.1.5 控制计划策划和准备案例 // 059

4.2 确定过程和顺序 // 061

    4.2.1 准备流程图 // 062

    4.2.2 定义过程 // 063

    4.2.3 确定制造资源 // 064

    4.2.4 保证初始能力 // 064

    4.2.5 填写表格 // 065

    4.2.6 确定过程和顺序案例 // 066

4.3 识别控制对象 // 068

  4.3.1 识别产品特性 // 068

  4.3.2 识别过程特性 // 070

  4.3.3 识别特殊特性 // 071

  4.3.4 填写表格 // 072

  4.3.5 识别控制对象案例 // 074

4.4 计划控制方法 // 076

  4.4.1 确定规范/公差 // 078

  4.4.2 计划评价/测量技术 // 078

  4.4.3 计划样本容量 // 079

  4.4.4 计划抽样频次 // 080

  4.4.5 总结控制方法 // 081

  4.4.6 验证防错和检测 // 083

  4.4.7 填写表格 // 085

  4.4.8 计划控制方法案例 // 087

4.5 计划反应措施 // 090

  4.5.1 计划对产品的反应措施 // 090

  4.5.2 计划对过程的反应措施 // 091

  4.5.3 定义责任人 // 092

  4.5.4 填写表格 // 092

  4.5.5 计划反应措施案例 // 093

4.6 结果文件化 // 097

  4.6.1 形成控制计划文件 // 097

  4.6.2 定义执行文件 // 098

  4.6.3 现场评审 // 098

  4.6.4 结果文件化案例 // 099

第 5 章 更新控制计划

5.1 更新时机 // 105

5.1.1 出现新情况 // 105

5.1.2 发生变化 // 106

5.1.3 问题解决 // 108

5.1.4 定期评审 // 111

5.2 更新方法 // 111

5.2.1 过程流程图更新 // 112

5.2.2 PFMEA 更新 // 113

5.2.3 控制计划更新 // 114

5.2.4 作业指导书更新 // 115

5.2.5 维护指导书更新 // 115

5.2.6 实际执行的更新 // 116

5.2.7 更新控制计划案例 // 117

第 6 章 特定情景下的控制计划

6.1 作业准备的验证 // 121

6.1.1 验证的时机 // 121

6.1.2 验证的方法 // 122

6.1.3 验证在控制计划中的体现 // 123

6.2 返工和返修控制 // 125

6.2.1 返工和返修的定义 // 125

6.2.2 返工和返修的控制 // 125

6.2.3 返工和返修在控制计划中的体现 // 126

6.3 临时变更控制 // 128

6.3.1 临时变更的原因 // 128

6.3.2 临时变更的控制要求 // 128

6.3.3 临时变更在控制计划中的体现 // 129

6.4 全尺寸检验和功能试验 // 131

6.4.1 重复验证的意义 // 131

6.4.2　全尺寸检验和功能试验在控制计划中的体现 // 131

6.5　防错确认控制 // 132

6.5.1　防错及确认的目的 // 132

6.5.2　防错确认的方法 // 134

6.5.3　防错确认在控制计划中的体现 // 134

6.6　增值过程的控制计划 // 135

6.6.1　增值过程的定义 // 135

6.6.2　增值过程的控制 // 136

6.6.3　增值过程在控制计划中的体现 // 137

6.7　检测过程的控制计划 // 138

6.7.1　检测过程的定义 // 138

6.7.2　检测过程的控制 // 140

6.7.3　检测过程在控制计划中的体现 // 141

6.8　运输过程的控制计划 // 143

6.8.1　运输过程的定义 // 143

6.8.2　运输过程的控制 // 143

6.8.3　运输过程在控制计划中的体现 // 144

6.9　存储过程的控制计划 // 146

6.9.1　存储过程的定义 // 146

6.9.2　存储过程的控制 // 147

6.9.3　存储过程在控制计划中的体现 // 147

第 7 章　控制计划的良好实践

7.1　创建和更新 // 149

7.1.1　控制计划标准语言 // 150

7.1.2　通用过程和特定产品 // 150

7.2　持续改进 // 154

7.2.1　控制计划检查表 // 154

7.2.2 逆向控制计划 // 156

7.3 十四个数字掌握控制计划 // 159
    7.3.1 三种控制计划 // 159
    7.3.2 一种控制模型 // 160
    7.3.3 四种过程 // 160
    7.3.4 四种生产阶段 // 161
    7.3.5 两种控制对象 // 161
    7.3.6 两种规范 / 公差 // 161
    7.3.7 两种设备工装 // 162
    7.3.8 两种评价 / 测量技术 // 162
    7.3.9 两种确认或验证 // 162
    7.3.10 两种质量检测 // 163
    7.3.11 四种控制方法 // 163
    7.3.12 两种反应措施 // 163
    7.3.13 四种更新时机 // 164
    7.3.14 四种关联的控制文件 // 164

后记 // 165

第 1 章
认识控制计划

控制计划的英文是 Control Plan，CP 是其英文缩写。控制计划的目的在于通过策划和执行控制方法，使组织在可接受的成本范围内，制造出满足顾客以及组织质量要求的优质产品。

与问题预防不同，控制计划讨论的是策划和执行控制方法，从而发现问题的发生或者发展，及时启动反应计划和纠正措施，使产品符合规格，实现过程稳定，防止问题的蔓延和扩大，阻止问题对相关方造成进一步的影响。

因此，控制计划不仅可以降低公司内部的不良成本，而且对顾客也起到了保护作用，使产品达到顾客的质量要求，从而实现顾客满意。策划和执行控制计划不仅是组织和顾客对质量管理的要求，也是 IATF 16949《汽车行业质量管理体系标准》的要求。

本章的任务是认识控制计划。首先是了解控制计划的定义、作用、历史、逻辑以及类型，然后是学习与之关系最密切的三个质量工具，即过程流程图（PFC）、试验设计（DOE）及过程失效模式和影响分析（PFMEA）以及它们和控制计划的关系。

1.1 控制计划概述

1.1.1 控制计划的定义

假设某位讲师要去位于另外一座城市的工厂进行控制计划培训，培训从 10 点准时开始，请问下面四种方法中，哪两种方法可以让他准时到达工厂进行培训？

方法一是到了工厂之后看一下时间是不是 10 点；方法二是不紧不慢地开车，等车开到一半路途时看一下时间，然后仍然不紧不慢地开车；方法三是不紧不慢地开车，等车开到一半路途时看一下时间，根据所剩时间的多少调整车速；方法四是不紧不慢地开车，等花费了一半的时间时看一下路途，根据所剩路途的多少调整车速。

显然，即使相同时间从一座城市出发到另一座城市，每次的到达时间也是不同的。到达时间受路线、路况、车况、车速、天气等众多因素的影响，这些因素每次都可能发生变化，其带来的结果就是到达时间出现波动。这就好比世界上的任何事物，没有两个是完全相同的，即使是同一条生产线先后生产的产品，只要测量系统有足够的精度，测量出来的产品尺寸和其他参数总会存在变差。

如果按照方法一开车，即到了工厂再看时间，其实是没有什么作用的，如果已经迟到，看了时间只会使自己更加紧张，而不能保证准时到达工厂。如果按照方法二开车，即使车开到一半路途时发现时间有了耽搁，但没有采取任何行动，这就如同坐等问题发生，因此也不能保证准时到达工厂。如果按照方法三开车，车开到一半路途时发现时间有了耽搁，于是加快行驶速度，在问题没有发展到不可收拾时加以补救，这就有可能保证准时到达工厂。再看方法四，车开到一半时间时，发现路途有了耽搁，于是加快行驶速度，也是在问题没有发展到不可收拾时加以补救，这也能保证准时到达工厂。

方法三和方法四都可以保证这位老师准时到达工厂进行培训，这两种方法的共同点是都包含"控制"在其中。按照《现代汉语词典（第7版）》中的解释，控制的意思是"掌握住不使任意活动或越出范围"。由于每个事物都可能受到若干因素的影响，这些影响因素处在或大或小的变化之中，所以，这些事物也是不断变化的。如果不想让事物的情况变得更糟，就需要对事物进行控制。

这个道理可以运用在我们身边的任何管理中，比如，我们不愿健康每况愈下、不愿财务入不敷出、不愿项目走向失败，所以，我们需要控制健康、控制支出、控制项目等。同样的道理也可以运用在产品的质量管理中，有若干因素会造成质量波动，如果不想让质量变得更差，那就要对质量的控制进行策划和执行，于是就需要控制计划。

IATF 16949《汽车行业质量管理体系标准》对控制计划的定义是"控制产品制造所要求的系统及过程的成文描述。"这里需要抓住定义中的三个重点，分别是"产品制造""系统及过程""成文描述"。

第一个重点是"产品制造"。虽然可以把控制计划运用在任何领域，从而使得控制对象的状态维持在希望的水平，不会变得更糟，但这里主要研究的是与产品制造过程相关的质量控制。产品制造相关的过程主要包括增值类过程、检查或测试（下文统称检测）类过程、运输类过程以及存储类过程，这些过程要么产生质量，要么影响质量，因此，需要对这些过程进行产品和过程控制，从而满足产品和过程的公差和规范，既达到产品的质量目标，又平衡过程的控制和失效成本。

第二个重点是"系统及过程"。系统是制造产品、实施控制的物质基础，包括制造系统和测量系统。制造产品需要制造系统，制造系统由机器设备、工装夹具、人力资源及环境等构成。制造系统实现或者影响产品质量，只有放行、维护和验证制造系统，保证它们的能力，才能实现好的产品质量。控制产品和过程需要测量系统，测量系统用来量化测量对象或者对被测的特性进行评估，是测量过程所使用的仪器或量具、标准、操作、方法、夹具、软件、人员、环境及假设的集合。只有对测量系统进行识别和控制，才能通过它们正确地区分产品和过程符合或不符合要求，从而实现正确的控制。

第三个重点是"成文描述"。控制计划是一种书面文件，而不是口头讲述。口头讲述具有时间上的不确定性，而书面文件则揭示和标准化了现行的控制方法，便于持续执行和验证这些控制方法，保证了它们长久的有效性；书面文件也便于内外部对控制对象和控制方法的沟通和交流，增强顾客对质量的信心；书面文件总结了当下的控制对象和控制方法，也为反思和评审创造了条件，为持续改进建立了基础。

回顾前文控制车辆准时到达另外一座城市的案例，可以发现成功的两种方法中具有相同的元素。首先，要有控制对象，在这里我们要控制的是时间；然后，要有控制目标，比如，需要在10点赶到培训地点；接下来，需要有控制方法，比如车子开到一半路途时检查时间或者车子开到一半时间时检查剩余路途；最后，需要有反应措施，如果有了耽搁，需要加快行驶速度或者调整行车路线。控制对象、控制目标、控制方法和反应措施这四个对象构成了控制的四个必要元素。

图1-1是对工件长度的控制图。工件长度就是控制对象，两条直线表示控制目标，需要把工件长度控制在此范围内，控制方法是每小时抽取工件，并测量其长度数值，反应措施是一旦发现控制对象超出控制目标或者显示出了某种趋势，就分析原因，必要时及时采取反应措施，从而遏制不良产品的出现并调整过程使其重返稳定。

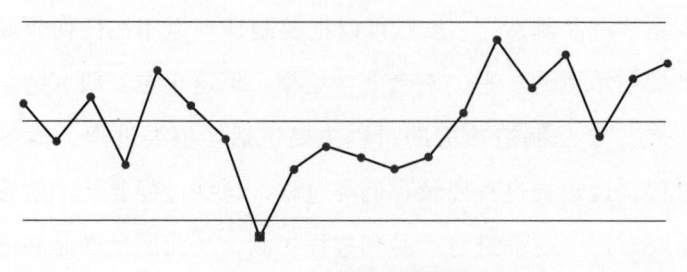

图 1-1 工件长度控制图

控制计划用表格的形式策划和记录了对产品制造的控制，虽然表格包含若干列的内容，但其所有信息都围绕控制的四个元素展开，控制计划实际上是控制四要素的书面描述。表 1-1 展现了控制计划的一个空白表格，零件/过程编号、过程名称/操作说明、制造用机器/设备、夹具/工装、特性、特殊特性分类等列的内容描述了控制对象，产品/过程规范/公差这段内容体现了控制目标，抽样样本量、抽样频次和控制方法等列内容体现了控制方法，反应计划措施和反应计划责任人等列的内容体现了反应措施，表达控制四要素的这些列的内容构成了控制计划。

1.1.2 控制计划的作用

控制计划的作用主要体现在三个方面，分别是有利于控制方法和反应措施的策划，实现控制方法的可视化，以及提高产品质量和降低失效成本。

首先，控制计划有利于控制方法和反应措施的策划。在汽车行业，编制生产文件的顺序是先由过程流程图定义需要分析的过程及其顺序，然后通过过程失效模式和影响分析（PFMEA）方法分析这些过程中的风险以及应对这些风险的措施，接着将 PFMEA 中的预防措施落实到生产现场，将其中的控制方法转移到控制计划中，然后再根据 PFMEA 和控制计划的要求，定义作业指导书以规范人员操作，定义维护计划以维持设备和工装夹具的良好状态。

作为承上启下的文件，有很多人会疑惑，既然控制计划的输出文件是作业指导书，根据 PFMEA 的结果也可以产生作业指导书，那控制计划的意义在哪里？可不可以跳过控制计划，直接根据 PFMEA 创建作业指导书？

表 1-2 为 PFMEA 对"注入胶水"过程中可能发生的失效模式"胶水量少"的一段分析。

PFMEA 显示，注胶程序中，胶水量设置过少或者注胶头运动速度设置过快会

表 1-1　控制计划表格

零件/过程编号	过程名称/操作说明	制造用机器/设备、夹具/工装	特性			特殊特性分类	方法				反应计划	
			编号	产品	过程		评价/测量技术	产品/过程规范/公差	抽样		控制方法	措施	责任人
									样本量	频次			

表 1-2　PFMEA 对"胶水量少"的分析

编号	过程名称	过程功能	失效模式	失效影响	分类	失效原因	预防措施	探测措施	S	O	D	AP
1234	注入胶水	根据组装图样的要求,在产品中注入要求量的胶水	胶水量少	产品不能承受规范中定义范围内的振动		注胶程序中设置的胶水量偏少或者注胶头运动速度设置过快	1. 过程放行时,程序设置验证 2. 程序参数设置密码保护 3. 维护计划定义定期检查胶量和速度参数 4. 维护计划定义每年做机器注出胶水量的设备能力分析	1. 开班和换型时,用天平测量机器每次注出的胶水重量 2. 用卡尺抽样测量产品中的胶水高度	8	2	6	中

注:出于简洁考虑,本书在案例中未采用 AIAG VDA PFMEA 七步法的完整表格,而是选取了对控制计划有直接影响的内容。对完整的 FMEA 七步法感兴趣的读者,请参见本书作者编写的《失效模式和影响分析(FMEA)实用指南》一书。

导致注入胶水量少，策划的控制措施主要有目视检查、用天平以及卡尺测量。根据 PFMEA 结果，需要定期目视检查胶水量的设置是偏大还是偏小；检查注胶头运动速度的设置是过快还是过慢；需要每年做机器注出胶水的重量的设备能力分析；需要在开班和换型时，用天平测量机器每次注出的胶水重量是偏重还是偏轻；需要用卡尺抽样测量产品中的胶水高度是过高还是过低。

很显然，如果直接根据 PFMEA 的结果在作业指导书中制订控制方法是不利的，因为这样的描述并不容易执行。实际的控制是这样操作的：人员检查胶水量和注胶头运动速度的设置，然后和规格要求或者控制限做对比，从而得出偏大还是偏小的结论；用表格或者软件计算出机器注出胶水重量的设备能力指数，然后和 1.67 对比，做出设备能力是否满足要求的结论；用天平测量机器每次注出的胶水重量，然后用结果与规格要求或者控制限做对比，从而得出偏重还是偏轻的结论；用卡尺抽样测量产品中的胶水高度，然后用结果与规格要求或者控制限做对比，从而得出偏高还是偏低的结论。可以看出，实际的控制行为都是用正面语言描述的，所以，PFMEA 制订结束后，必须先制订控制计划，把对应的失效模式或者失效原因转化成需要控制的对象，然后再根据 PFMEA 中定义的控制策略和目标，在控制计划中展开控制方法。

并且，PFMEA 虽然定义了控制策略，但并没有涉及太多随后的反应措施。比如，PFMEA 提出了自动探测某个失效，但并没有说明不良产品应该怎么处理，如何使过程返回稳定，其实这些操作对产品和过程质量也有很大影响。如果没有处理好不良产品或者过程，不良产品还是可能继续出现甚至流入顾客手中。因此，在执行 PFMEA 过程之后，团队需要在控制计划中策划如果失效被探测出来，如何正确地执行对产品和过程的反应措施。当控制方法和反应措施都在控制计划中定义之后，接下来在作业指导书中详细定义控制方法以及反应措施的执行。

其次，控制计划实现了控制方法的可视化。工程师把控制方法体现在控制计划中，便于其迅速把握控制过程采用的控制方法，以便在执行文件，比如作业指导书中没有遗漏地详细定义这些控制方法以及发生不满足要求的情况时的反应计划。并且，这些控制方法将成为目前控制的总结，从而为持续改善提供基础。工程师可以根据过程的实际绩效，持续改善过程的控制方法，同时满足对于控制的效果以及效率的要求。

对于审核员来说，可视化的控制计划可以让他迅速了解过程的控制方法，从而检查这些控制方法和反应措施的策划是否在作业文件中得到了正确细化，验证实际采用的判断标准是否正确，是否正确执行了定义的检查或测试频次和样本量，是否满足了正确的反应计划。通过对比检查实际的生产和策划的控制是否存在偏差，有助于及时补救并预防问题的发生。就这一点来说，工程师勇于通过控制计划揭露和展示控制方法，也可以让其他方帮助自己检查控制计划的定义和执行情况，从而控制好产品和过程。

对于管理层或者顾客来说，可视化的控制方法能让他们知晓过程的控制方法，如果控制方法有效而可靠，可以让他们对产品和过程的质量产生信心；如果控制方法不足，他们可以提出改进的要求，从而降低产品和过程的质量风险。就这一点来说，通过可视化控制计划，管理层和顾客能直接指导和推动产品和过程的质量管理。

最后，控制计划提高了产品质量，降低了失效成本。由于生产过程总是存在变差，这些变差可能来源于人、机、料、法、环、测以及他们的组合，这些变差永远存在，使得每个产品的特性数值都不一样。如果这些特性因为波动而超出了规范，那么，半成品或成品就出现了不合格。如果半成品的不合格不能被及时发现，随着后续过程越来越多，受到影响的原物料和工人或机器的劳动也越来越多。因为这些不合格的半成品或者成品将来会返工、返修或者报废，所以这些资源的浪费就会越来越大。因此，及时安排控制点可以提高产品质量，减少内部失效成本。

如果一个失效产品在工厂内没有被发现或者拦截下来，那这个失效产品将会继续流到顾客手中，甚至影响到最终用户。这些外部的失效损失可能包括：顾客投诉、顾客索赔、产品召回，会影响接下来的业务，甚至要使企业承担法律责任。所以，有效地安排控制点可以减少外部失效成本。

由于控制计划具有这些重要作用，所以 IATF 16949《汽车行业质量管理体系标准》要求汽车行业采用控制计划来控制产品质量，这其实对生产者、顾客、用户以及社会都有积极作用。因此，身在汽车行业，我们不仅要有意识做控制计划，而且要把控制计划做好，让控制计划的作用得到充分体现！

1.1.3　控制计划的历史

控制计划结构化且清晰地展现了策划产品和过程控制需要的最小元素，合理利用控制计划有助于控制方法和反应措施的策划，可实现控制方法的可视化，从而提高产品质量以及降低失效成本。因此，控制计划历来受到制造行业的重视。

IATF 16949《汽车行业质量管理体系标准》视控制计划为控制产品和过程质量的重要手段，因此在该标准的许多章节，比如原型样件方案、制造过程设计的输出、控制计划、产品安全、特殊特性、产品和服务的放行、防错、统计工具的识别、全尺寸检验和功能试验、过程控制的临时变更、返工产品的控制、返修产品的控制、测量系统分析、制造过程的监视和测量、制造过程审核、问题解决，都对控制计划提出了大量要求。在 IATF 16949 的附录部分，还专门规定了控制计划的阶段以及控制计划的要素。有了汽车行业质量管理体系标准对控制计划的重视，控制计划在汽车行业得到了广泛应用。

美国汽车工业行动集团（AIAG）认为控制计划方法的目的是根据顾客要求，制造出优质的产品，因此，质量策划过程的一个重要阶段就是控制计划的开发。为了规范控制计划的开发，AIAG 在其出版的汽车行业质量管理五大手册之一的《先期产品质量策划（APQP）参考手册》的早期版本中，在最后一个章节专门讲解了控制计划方法论。

2024 年，AIAG 把控制计划方法论的内容从《先期产品质量策划（APQP）参考手册》中独立出来，专门出版了《控制计划参考手册》第一版，进一步提高了控制计划的地位，使其像其他质量工具，比如 FMEA、统计过程控制（SPC）、测量系统分析（MSA）和生产件批准程序（PPAP）一样，和先期产品质量策划（APQP）相互关联。自此，AIAG 提出的汽车行业质量管理工具由五大工具升级为六大工具。可以想见，控制计划的影响力将会不断加强！

1.1.4　控制计划的逻辑

控制计划的逻辑基于图 1-2 所示的过程控制回路。过程指的是利用输入实现预期结果的相互关联或相互作用的一组活动，而人员（人）、机器（机）、工装夹具和物料（料）、方法（法）、环境（环）、评价和测量系统（测）构成了生产过程的输入，这些输入相互作用，产生了过程的输出，生产过程的输出往往是半成品或者产品。

人、机、料、法、环、测以及它们之间的相互作用处在或大或小的变化之中，而这些变化导致了半成品或者产品的属性产生变差。比如，注胶程序中设置的胶水量会偏少或者注胶头运动速度会设置得过快，这些会导致往产品中注入的胶水量偏少。产品的变差总是存在的，但过大的变差会导致半成品或者产品超出规范限制，从而失去功能或者不能满足要求，这就产生了失效，为了遏制这些失效，就需要控制。

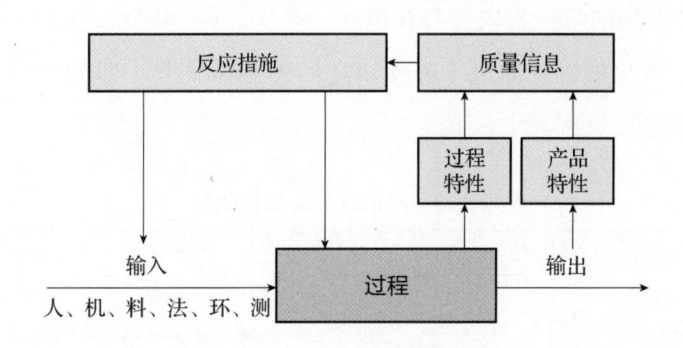

图 1-2　过程控制回路

为了实现控制，首先需要获得产品或者过程运行状态的信息，而产品特性和过程特性是表征产品和过程信息的两种要素。产品特性是在图样或者其他工程文件上记录的零部件或者产品的特征或者属性。产品特性体现在产品中，将来会呈现给顾客并和顾客的满意度直接相关，比如，产品上的胶水量就是产品特性。如果仅仅控制产品特性，那么当发现产品特性有问题时，产品的问题已经酿成，可能需要对产品进行报废或者返工返修处理，这就造成了成本浪费，所以，有必要在产品问题还没发生前就发现导致它的原因，所以，需要监控过程特性。

过程特性是与产品特性有因果关系的过程变量（输入变量）。过程特性是过程特有的性质，在过程中一直存在，并不会随着产品往后流动，不会直接呈现在顾客端。比如，胶水量设置以及注胶头运动速度的设置就是两个过程特性。

过程特性如果在刚出现问题时就被控制，这时产品特性可能还没来得及出现问题，这就避免了产品报废或者返工返修。所以，控制过程特性可以减少只控制产品特性产生的浪费。但反过来说，如果只控制过程特性，由于这些过程特性并不一定总能被控制住，或者产品特性可能还受其他未识别出来的因素影响，由于对它们缺少控制，产品特性可能还是会发生问题。这时由于缺少对产品特性的控制，有问题的产品很有可能流到顾客手中造成顾客抱怨和索赔。所以，需要兼顾对产品特性和过程特性的控制。

获得了产品或者过程运行状态的信息之后，将这些信息与规范要求或者控制限进行比较，如果超出限制，表明过程正在生产不良品或者过程已经不再稳定。这时需要及时采取反应措施，调整过程的输入或者过程本身，让过程重新生产满足要求的产品或者让过程稳定下来。

因此，控制计划的每一条内容都在讲述一个关于控制回路的故事。表1-3便是控制计划讲述的一个故事，它体现了前文讲述的控制四要素，即控制对象、控制目标、控制方法和反应措施。

表1-3 控制计划讲述的故事

零件/过程编号	过程名称/操作说明	制造用机器/设备/夹具/工装	特性		特殊特性分类	方法					反应计划	
			编号	产品	过程		产品/过程规范/公差	评价/测量技术	抽样		控制方法	措施	责任人

零件/过程编号	过程名称/操作说明	制造用机器/设备/夹具/工装	编号	产品	过程	特殊特性分类	产品/过程规范/公差	评价/测量技术	样本量	频次	控制方法	措施	责任人
1234	注入胶水	注胶机、注胶夹具		胶水高度			参见图样xyz	卡尺	1件	每10件	胶水高度记录表xxx，检验指导书yyy	停止机器，将不良品放到分析盒中，通知工程师	作业员

这个故事把我们带到了编号为"1234"，名称为"注入胶水"的过程，这个过程使用的机器和工装夹具分别为"注胶机""注胶夹具"。"胶水高度"作为产品特性，可能发生变异，如果不加以控制，产品可能因为胶水高度不符合要求而对顾客造成影响，而"胶水高度"的控制目标定义在了"图样xyz"中。为了获取胶水的高度情况，每做10件产品便抽取1件产品，用卡尺测量其胶水高度，得出"胶水高度"的数值，然后，将数值记录在"胶水高度记录表xxx"中，以便将来分析和追溯，接下来，把这些数值与控制目标做对照，评价其是否超出规范要求或者控制限，这些操作定义在"检验指导书yyy"中。如果测量和分析表明"胶水高度"已经超出规范要求或者控制限，则需要作业员先"停止机器"，然后"将不良品放到分析盒中"，接下来"通知工程师"。工程师可能会封存和挑选自上次抽检以来生产的所有产品，还会分析造成这次胶水不满足要求的原因，从而有针对性地采取措施稳定过程。通过这一系列的活动，胶水高度不满足要求的问题被成功遏制，过程重新回到稳定状态。

1.1.5 控制计划的类型

控制计划的类型包括原型样件控制计划、试生产控制计划以及生产控制计划三种类型。其中，如果顾客有要求，那么组织需要准备原型样件控制计划。组织要为试生产阶段以及量产阶段分别准备试生产控制计划以及生产控制计划。控制计划类型和 AIAG 定义的 APQP 步骤紧密结合在一起。

AIAG 在其《先期产品质量策划（APQP）参考手册》中定义了确保产品满足顾客要求以及满足所有性能和质量要求所需的步骤。APQP 的目标是促进与每个相关人员的沟通，以确保按时完成这些必需的步骤，这些步骤由策划和定义项目、产品设计和开发、过程设计和开发、产品和过程确认、反馈评估和纠正措施五大步骤组成。每个步骤都有输入和输出，前一步骤的输出构成了后一步骤的输入，每个输出即为一个成果，一个个成果的累加组成了项目的成果。

APQP 的五个步骤各有其目的，"策划和定义项目"将项目计划和顾客的需求和期望联系在一起；"产品设计和开发"将产品的特征开发成接近最终的形式；"过程设计和开发"致力于制造系统的特征开发以获得优质的产品；"产品和过程确认"通过有效的生产运行来确认产品和制造过程的主要特性；"反馈评估和纠正措施"确保了持续保持甚至不断改进产品和过程的质量水平。

APQP 中的"产品设计和开发"步骤将产品的特征开发成接近最终的形式后，需要用原型样件来验证产品是否满足顾客的要求，而原型样件需要通过原型样件的制造获得。原型样件的制造不一定使用批量生产使用的设备、工装和夹具，因为其目的是验证产品的要求是否实现。但是，制造过程的变差会不可避免地对样件造成影响，这就可能将制造过程的变差混淆成是产品设计的问题。比如，某个产品在设计验证时发生了失效，工程师寻找失效原因寻找了很久，最后才发现是材料过期了，并不是设计本身的不足。所以，有必要控制好原型样件的生产质量，从而确保产品设计的验证质量。

控制原型样件生产质量的重要工具是原型样件控制计划。原型样件控制计划是对原型样件制造期间进行的尺寸测量以及材料和功能测试的描述。如果顾客有要求，需要制订原型样件控制计划。原型样件控制计划的制订一般由研发人员负责，以规定原型样件的制造过程在生产前、生产中以及生产后需要控制的项目。

由于 APQP 在"产品设计和开发"这一步骤主要涉及的是产品的设计和验证，所以原型样件控制计划着重于对产品特性的控制，从而为接下来的产品验证建立基础。当然，如果制造原型样件的设备、工装和夹具和批量生产中的一致，那么建议把过程特性，比如工艺参数和控制也包括进原型样件控制计划，其目的是给后续阶段的控制计划的创建和改进提供输入。

由于原型样件的制造数量较少，且不一定清楚制造过程是否稳定，所以，除非测试具有破坏性，否则一般需对制造过程中的原物料、半成品或者成品进行 100% 的检测。表 1-4 展现了原型样件控制计划的一个案例。与量产控制计划不同的是，原型样件控制计划更关注产品特性是否符合设计规范，从而验证产品设计是否满足要求，因而并不太在意过程使用的手段，所以，这里的制造过程用的是手工注胶工具，与量产使用的机器不同。

表 1-4 原型样件控制计划

零件 / 过程编号	过程名称 / 操作说明	制造用机器 / 设备、夹具 / 工装	特性			特殊特性分类	方法					反应计划	
			编号	产品	过程		产品 / 过程规范 / 公差	评价 / 测量技术	抽样		控制方法	措施	责任人
									样本量	频次			
1234	注入胶水	手动注胶工具		胶水高度			参见图样 xyz	卡尺	100%	持续进行	胶水高度记录表 xxx	停止机器，将不良品放到隔离区，通知工程师	作业员

由于团队不清楚该制造过程的性质，选用的抽样方法是对原型样件进行全检。研发人员为了确认每个产品的胶水高度，要求对制造过程每个原型样件的测量数据进行记录，保证注入的胶水高度和设计值保持一致，从而在振动测试中排除制造偏差，确定胶水高度的设计是否满足要求。研发人员并不想看到振动测试失败的原因是制造过程注入的胶水高度比设计的高度更低，该振动测试的结果区分不开是设计有问题还是生产有问题。

APQP 中的"过程设计和开发"完成制造系统特征开发之后，需要进行试生产直到能有效地开展生产运行以确认产品和制造过程的主要特性。试生产时，产品首次在正式的生产设备、工装夹具上生产，此时，它们可能还没有达到最优状态，还处于调试和验证阶段。通过试生产，可以发现产品设计和生产过程的潜在问题，从而在早期阶段进行纠正，为量产做好准备。视问题的重要程度和数量多少，试生产可能要进行多次。

通过试生产调整好人员、生产设备、工装夹具之后，需要进行有效的生产运行来确认生产过程的有效性。此时，不仅生产和测量资源要和量产保持一致，并且需要采用和量产相同的生产速率。有效生产运行的结果用于初始过程能力研究、测量系统分析、生产确认测试、生产速率和一次合格率评估以及生产件批准等,这些研究、评估和批准是判断是否可以量产的依据。

相对于正式的批量生产来说,有效生产运行可以看作试生产阶段的终极阶段。采用与量产一致的人员、生产设备、工装夹具、测量系统,逐次增加生产数量和生产速率,目的是将问题限制在可控范围内,在量产之前发现并纠正潜在的问题,最终确认产品和过程的开发和运行能满足要求,可以批量生产。

对应于试生产阶段的控制,试生产控制计划是在原型样件生产之后、批量生产之前的试生产阶段进行的尺寸测量以及材料和功能测试的描述。由于对生产过程的认识不足或者生产过程本身的不成熟,问题的发生具有不确定性,试生产控制计划通常包括额外的产品和过程控制,直到生产过程完成确认。对应于试生产可能发生多次,试生产控制计划也可能有多个版本,其内容随着对过程认识的加深和问题的解决而变更。

因为采用和量产一致的人员、生产设备、工装夹具、测量系统,试生产为量产提供知识和经验成为可能,所以,试生产控制计划不仅要包含体现产品质量的产品特性,也要包含对过程特性的控制。除了测量系统,如果在过程控制中采用了防错装置或者方法,也需要在试生产控制计划中体现。需要注意的是,由于需要通过有效生产运行确认过程的初始能力,所以,试生产控制计划也应该包括收集和分析过程和产品数据从而确定初始过程能力。

表 1-5 展示了试生产控制计划的一个案例。由于需要采用和量产一致的生产和测量资源,所以,试生产采用的机器/设备、夹具/工装分别是注胶机和注胶夹具。由于团队对生产过程认识不足或者生产过程本身不成熟,因此问题的发生具有不确定性,为了遏制问题,团队选用的抽样方法是对胶水高度进行全检。为了观察胶水高度的数据分布,团队还要求记录胶水高度,为了规范人员操作,团队制订了检验指导书。

与原型样件控制计划不同,这份试生产控制计划还定义了需要控制的过程特性,比如机器每次注出的胶水量,这不仅预防了胶水高度出现问题,还为量产控制计划提供了参考。为了确认初始过程能力,该试生产控制计划里还定义了需要在有效生产运行过程中,连续测量 50 个数据来计算机器注出胶水量的设备能力指数。

APQP 中的"产品和过程确认"确认了产品和制造过程的主要特性满足要求之后,就进入量产阶段,量产阶段需要按照要求的生产速率、产量和质量生产产品并交付给顾客,此时,需要对产品和过程进行全方位的控制才能保证产品质量,赢得顾客满意以及降低失效成本。生产控制计划正是规划量产控制的重要工具。

生产控制计划是对控制生产零件和过程的系统进行的书面描述。在"产品和过程确认"阶段，应基于原型样件控制计划以及试生产控制计划的知识和经验制订生产控制计划，以控制好量产阶段的产品质量以及过程质量。因为其重要性，顾客可能有核准生产控制计划的要求。

在量产阶段，组织已经获得了原型样件生产以及试生产的知识和经验，随着生产数量的加大，组织会获得更多的知识和经验，这使得组织有机会对生产控制计划持续改进。因此，相对于试生产控制计划，生产控制计划中的检测项目、抽样频次或者样本量可能有所减少。当然，盲目减少控制可能带来质量风险，需要综合考虑不同特性的重要程度、数据分布以及发生问题的概率来策划对控制的安排。反之，生产过程中也可能发生新的问题，于是需要在生产控制计划中增加新的检测项目，或者需要增加抽样频次或样本量，还可能需要加入防错装置和方法。

表 1-6 展示了生产控制计划的一个案例。团队考虑到注入胶水过程由自动设备完成，在证明了设备有充分的过程能力和稳定性之后，决定将胶水高度检查从试生产阶段的 100% 检查减少到每 10 件测量 1 件产品。这样的抽样设计能保证即使在抽检中发现胶水高度不良，也能追溯到上一次抽检合格以来生产的所有产品，从而采取遏制措施。并且，即使追溯发现 10 件产品全部不良，对内部的影响，比如造成挑选、返工返修甚至报废，其成本也是可以接受的。另外，为了防止机器注出胶水量出现变异，团队决定每年验证一次机器注出胶水量的设备能力。

除了上述原型样件、试生产和生产控制计划，还有一种安全投产控制计划。安全投产控制计划适用于安全投产阶段，在安全投产阶段通常会增加检测项目，增加抽样频次、样本量，或者采用更严格的控制界限，以遏制潜在的不合格，待生产达到要求并且稳定之后，再执行长期的控制手段。

在试生产阶段，组织可能会应顾客要求执行安全投产，而在量产开始阶段，组织一般都会主动执行安全投产。而何时结束安全投产取决于顾客和组织的判断准则。一个典型的判断准则是开始生产后 90 天之内没有发生质量问题，如果发生质量问题，安全投产计时将重新开始。

由于在试生产或者生产阶段都可能有安全投产阶段，因此，安全投产控制计划其实可以隶属于试生产控制计划或者生产控制计划。安全投产控制计划可以作为所属控

表 1-5 试生产控制计划

零件/过程编号	过程名称/操作说明	制造用机器、设备、夹具/工装	特性			特殊特性分类	产品/过程规范/公差	方法				反应计划	
			编号	产品	过程			评价/测量技术	抽样		控制方法	措施	责任人
									样本量	频次			
1234	注入胶水	注胶机、注胶夹具		胶水高度			参见图样 xyz	卡尺	100%	持续进行	胶水高度记录表 xxx、检验指导书 yyy	停止机器，将不良品放到分析盒中，通知工程师	作业员
					机器每次注出的胶水量		$(x \pm y)$ g	天平	1 件	开班和换型	开班和换型记录表 zzz，检验指导书 yyy	调整机器	作业员
					机器注出胶水量的设备能力指数		Cmk ≥ 1.67	注胶机以及表格软件	50 件	持续进行	Cmk 报告	分析原因和纠正	工程师

表 1-6 生产控制计划

零件/过程编号	过程名称/操作说明	制造用机器、设备、夹具/工装	特性			特殊特性分类	产品/过程规范/公差	方法				反应计划	
			编号	产品	过程			评价/测量技术	抽样		控制方法	措施	责任人
									样本量	频次			
1234	注入胶水	注胶机、注胶夹具		胶水高度			参见图样 xyz	卡尺	1 件	每 10 件	胶水高度记录表 xxx、检验指导书 yyy	停止机器，将不良品放到分析盒中，通知工程师	作业员
					机器每次注出的胶水量		$(x \pm y)$ g	天平	1 件	开班和换型	开班和换型记录表 zzz，检验指导书 yyy	调整机器	作业员
					机器注出胶水量的设备能力指数		Cmk ≥ 1.67	注胶机以及表格软件	50 件	每年	Cmk 报告	分析原因和纠正	工程师

制计划的附件，也可以单独形成一份文件，然后在相应的控制计划中引用，或者直接定义在相应的控制计划中。如果控制计划内容包含安全投产，那么一是要在表头位置选中"安全投产"框；二是要把这种特殊阶段标识出来，比如，在过程编号或者过程名称中标识"安全投产计划"。表 1-7 展示了控制计划中包含安全投产的一个案例。

表 1-7 包含安全投产的控制计划

零件/过程编号	过程名称/操作说明	制造用机器/设备、夹具、工装	特性		特殊特性分类	方法					反应计划	
			编号	产品	过程		产品/过程规范/公差	评价/测量技术	抽样		控制方法	措施	责任人
									样本量	频次			
1234（安全投产控制计划）	注入胶水	注胶机、注胶夹具			机器每次注出的胶水量		$(x \pm y)$ g	天平	1 件	开班和换型以及每 5 件	开班和换型记录表 zzz，检验指导书 yyy	停止机器，通知工程师	作业员

1.2 控制计划和其他工具

1.2.1 控制计划和过程流程图

过程流程图的英文是 Process Flow Chart，英文缩写为 PFC。过程流程图是一种图形化的分析工具，它把一个流程的每个组成部分，即每个过程而不是每个步骤或动作宏观地展现出来，并描绘出它们之间的顺序关系。过程指的是利用输入实现预期结果的相互关联或相互作用的一组活动。把生产流程分解后一般包括收料、制造、组装、刷软件、检查、测量、包装、运输、存储、返工、返修等在线或者不在线的、可能影响产品质量的过程。

过程流程图的作用主要体现在以下三方面：一是帮助人们识别和展示一个流程中的每个过程及其顺序，确定过程分析的对象，减少过程分析的遗漏；二是帮助人们借助过程流程图判断每个过程的性质，比如是增值还是不增值，是支持还是浪费，从而采取措施提高价值、减少浪费；三是帮助人们基于过程流程图定位出现产品问题的过程，从而进行问题解决以及过程改善。

对生产流程来说，保证产品质量以满足顾客要求是生产的重要任务之一，因此，对生产过程的识别一般是以物流为研究对象，分析产品的形成顺序，而不是列举人员或设备的先后动作。并且，只有被生产团队执行或者控制的过程才会被放到过程流程图中，比如，原物料的生产过程是供应商负责的，不应该放在组织自己的过程流程图中。

在过程流程图中，不同性质的过程一般用不同的图形来表示，这样就为了解过程性质、识别浪费进而消除浪费建立了基础。比如，可以用圆形表示增值类过程、用菱形表示检查或测量类过程、用粗箭头表示运输类过程、用正立的等边三角形表示存储类过程，最后用带有箭头的线段连接这些过程，表示它们之间的顺序关系。

制作过程流程图简单来说有以下两个步骤：1）按过程顺序列出各个过程的图形和文字；2）用带有箭头的线段把这些图形连接起来。其中，箭头方向表示流程的流动方向，图1-3展示了过程流程图的说明。在这个说明中，所研究的流程包含了五个过程，不同性质的过程用对应的图形表示，它们之间存在着先后关系，共同实现了产品的生产流程。通过制作过程流程图，产品的生产过程一目了然，这对研究每个过程的控制提供了输入。

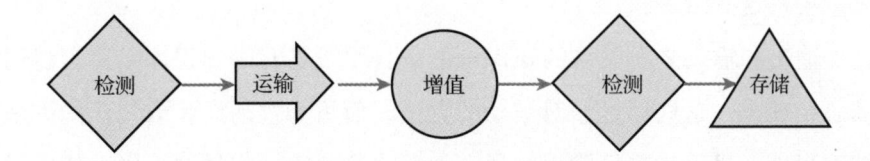

图 1-3 过程流程图说明

制作过程流程图时，需要避免过程的遗漏。如果过程流程图的过程有缺失，PFMEA可能就无法分析这些遗漏的过程，于是就不能为可能的失效开发预防和控制方法，控制计划就不会策划对这些过程的产品特性和过程特性的控制。于是，潜在问题就可能变成真正的问题，这一方面会造成内部失效成本，另一方面会对顾客造成影响。因此，在制作过程流程图时，需要按照物流顺序谨慎地思考产品需要的每一个过程或者经历的每一个过程。

随着物料在过程流程图中的流动，产品从原物料开始经过一个个过程逐渐形成成品。由于每个过程都受到诸如人、机、料、法、环、测等因素的影响，因此，对于流程中的每一个过程都需要控制才能既保证产品质量，又保持失效成本最低。所以，过程流程图中的每个过程构成了控制计划的分析对象，过程流程图是制订控制计划的重要输入。

在创建控制计划时，需要获取过程流程图，据此填写控制计划表格前两列的内容,即过程编号和过程名称。这两列内容是连接不同文件的桥梁,比如过程流程图、PFMEA、控制计划、作业指导书和维护计划,因此在不同文件中,需要保持编号和名称的一致性。在更新控制计划时,也要根据过程流程图找到需要更新的过程,然后通过控制计划中的过程编号和过程名称定位到控制计划需要更新的位置。

1.2.2 控制计划和试验设计

为了满足生产和控制需要,过程流程图把一个生产流程的每个组成部分,即每个过程宏观地展现了出来。过程是利用输入实现预期结果的相互关联或相互作用的一组活动,一个过程的结果可能显著地受某些输入的影响,而受其他输入的影响甚小。在这些对过程结果影响显著的输入中,输入的不同取值产生的结果也不同。

为了满足顾客和内部的要求,对过程的结果就会有所要求,而为了得到所希望的结果,不仅需要确定显著影响过程结果的输入,还需要知道这些输入处在什么数值或者状态时会得到这些结果。

对过程输出和输入之间关系的知识可能来自组织已有的知识库,还可能通过数次经验教训总结获得,这些都是相对被动的方法,而更为主动地获取知识的方法是设想对过程结果可能有显著影响的输入变量,然后将这些输入变量取不同数值,通过创造输入值的变化,得出该输入是否显著影响输出,以及输入处于何值时能使得过程结果更优的结论。

这种通过尝试确定过程因果关系的方法叫作试验设计,英文是 Design of Experiment,缩写为 DOE。在 DOE 中,称过程的输出为响应变量,称影响这些响应变量的输入为因子。因此,过程的因子和响应变量具有因果关系,控制过程因子可以得到期望的响应变量。对于控制计划来说,响应变量对应产品特性,过程因子对应过程特性,控制这些过程特性可以得到期望的产品特性,因此,DOE 为过程特性的选择以及确定它们的数值范围提供了输入。

为了确定过程因子对响应的影响程度,需要评价因子的主效应以及交互效应。某因子的主效应是指忽略其他因子的影响时,该因子取值的高低水平对响应的影响;因子之间的交互效应是指一个因子的效应依赖于另一个因子的水平。

对于"注入胶水"这个过程,"胶水量"是过程输出之一,因此是响应变量,工程师按照知识和经验认为"胶水量"和"注胶头运动速度"这两个参数设置作为输入变量会影响过程的输出。为了验证这个假设并确定输入变量如何取值能让结果更优，工程师执行了试验设计。

工程师对胶水量和注胶头运动速度的设置分别定义了不同取值，并设低水平为 −1，高水平为 1，然后策划和执行了试验，并记录了响应变量，即胶水量的数值，结果见表 1-8。

表 1-8　试验结果记录表

编号	A（胶水量设置）	B（注胶头运动速度设置）	AB	胶水量
1	−1	−1	1	200g
2	1	−1	−1	300g
3	−1	1	−1	100g
4	1	1	1	250g
M+	550g	350g	450g	—
M−	300g	500g	400g	—
m+	275g	175g	225g	—
m−	150g	250g	200g	—
效应	125g	−75g	25g	—

有了试验结果之后，可以计算因子的主效应以及交互效应。把每个因子取 1 时的两行响应变量数值相加，放在相应的"M+"空格中；再把每个因子取 −1 时的两行响应变量数值相加，放在相应的"M−"空格中；然后取平均值，即对"M+"和"M−"各除以 2 放到对应的"m+"和"m−"中；最后，将"m+"减去"m−"就得到了各自的效应。所以，因子 A（胶水量设置）的主效应为 125g，即提高胶水量设置可以使胶水量平均增加 125g；因子 B（注胶头运动速度设置）的主效应为 −75g，即提高注胶头运动速度设置可以使胶水量平均减少 75g；因子 A 和 B 的交互效应 AB 为 25g，即注胶头运动速度在高水平和低水平两种设置条件下，胶水量设置产生的效应差值为 25g。

为了更直观地展示试验结果，经常采用主效应图和交互效应图。图 1-4 为胶水量主效应图，图 1-5 为胶水量交互效应图。效应图中的直线斜率越大，表示该因子产生的效应越大，正斜率代表正效应，负斜率代表负效应。

综上可以得出结论，胶水量设置以及注胶头运动速度设置都是影响胶水量的显著因子，需要把它们纳入 PFMEA 分析变异的风险以及风险的应对措施，并把它们纳入控制计划中进行控制，以保证产品符合要求。

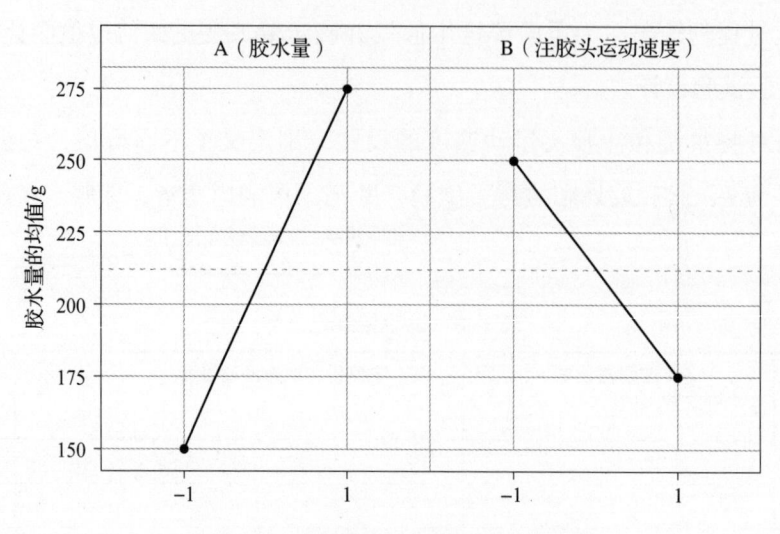

图 1-4　胶水量主效应图（拟合均值）

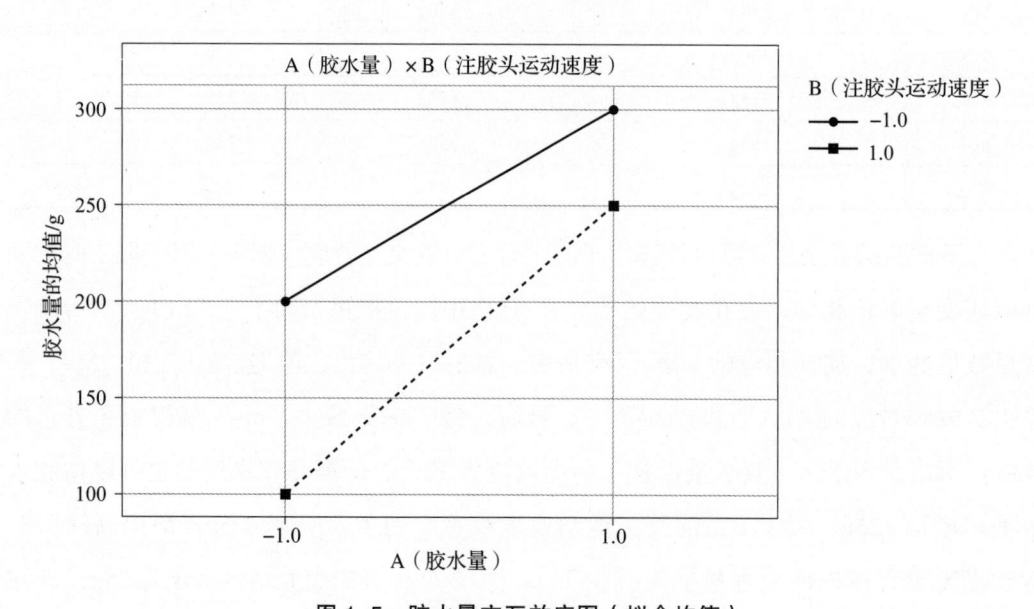

图 1-5　胶水量交互效应图（拟合均值）

现代试验设计方法的类型丰富，包括单因子和多因子试验设计、全因子和部分因子试验设计、响应曲面设计、稳健参数设计和混料设计等。方法中融入了统计方法，其目的一是寻找显著地影响响应变量的因子，其分析手段是方差分析，也就是将因子取不同值时产生的响应变量的偏差均方和与随机误差产生的均方和进行对比，如果其商大于某临界值，则说明该因子对响应的影响是显著的，否则不显著；目的二是拟合这些显著因子和响应变量的函数关系，从而预测响应变量的最佳取值并确定对应的因子取值，其分析手段是回归分析。这些分析如果采取手工计算将困难重重，但在统计软件中则可以轻松实现。

因此，借助于试验设计，可以识别显著影响产品特性的过程特性，以及这些过程特性处于何种数值或者状态时可以让产品特性处于期望的水平，得到这些关于特性的因果关系之后，就可以把这些特性放入控制计划的对应位置，从而实现通过控制过程特性得到期望的产品特性的效果。

1.2.3　控制计划和 FMEA

FMEA 是 Failure Mode and Effect Analysis 的英文缩写，其中文名称为失效模式和影响分析。与问题解决不同，FMEA 讨论的是事先的策划以及执行措施，以预防问题的发生或者控制问题的发展，从而降低设计和过程风险。一份策划和执行良好的 FMEA 不仅可以降低内部失效成本，还可以提高产品质量，减少顾客抱怨，赢得顾客满意。因此，航空航天和汽车行业把 FMEA 作为技术风险分析的首选工具。

AIAG 和德国汽车工业协会（VDA）于 2019 年 6 月联合发布了《AIAG VDA FMEA 手册》，这本手册的发布为汽车行业建立了共同的 FMEA 基础。该手册把 FMEA 过程分为七个步骤，分别为①策划和准备；②结构分析；③功能分析；④失效分析；⑤风险分析；⑥优化改进；⑦结果文件化。

策划和准备工作为 FMEA 的开始和进行创造了有利条件。策划工作包括 FMEA 分析范围上的策划和时间进度上的策划，而准备工作一是要明确相关方（尤其是顾客）对 FMEA 方法以及对产品和过程的技术要求并准备好相关资料，二是要准备 FMEA 过程需要的人力和物质资源。

结构分析明确了所研究系统结构上的框架，框架中的每个元素都是系统功能的承担者。建立了系统结构上的框架，就为系统功能和要求的展开建立了物质基础。

功能分析是在结构框架的基础上把系统的功能和要求进行展开。由于失效的因果关系来源于功能的因果关系，所以，功能分析为失效机理的分析建立了基础。

失效分析识别了产品不能满足每个功能和要求的形式，并基于功能上的因果关系，建立了产品不能满足功能和要求，即失效的因果关系。而失效的因果关系为应对措施的开发和风险状态的评估建立了基础。

风险分析基于失效分析的因果关系，考虑了当前的预防和探测措施，使用严重性

（S）、发生频率（O）、探测度（D）、措施优先级（AP）或风险优先数（RPN）评估当前的风险状态。明确了当前的风险大小，就揭示了接下来优化改进的优先程度。

优化改进基于评价的风险状态，计划和执行进一步的预防或者探测措施降低风险的大小，让风险达到可以接受的程度。潜在失效的风险降低了，实际问题就被预防或者控制了，产品和过程就更可靠了。

结果文件化就是要把前述的分析结果形成文件，并向管理层和顾客汇报，让他们知晓风险和应对措施，引导他们共同参与技术风险管理。

产品的质量不仅取决于生产，还取决于设计。对应地，FMEA也有两种基本类型，分析和应对设计的错误对应的是设计FMEA（Design FMEA，DFMEA），分析和应对生产的错误对应的是过程FMEA（Process FMEA，PFMEA）。

DFMEA中包含了产品特性的设计错误，这些产品特性可以作为控制计划中产品特性的来源之一。一般的方法是把DFMEA中在生产阶段也可能发生的产品特性问题转化为产品特性，进而把这些产品特性转移到控制计划中进行控制。然而，和控制计划更直接相关的是PFMEA。

PFMEA采用了基于风险的思维方法，根据能够接受的风险大小，确定了预防和控制的策略。接下来，控制计划基于PFMEA的风险目标，进一步细化定义在其中的控制策略，比如明确控制对象、控制目标、控制方法和反应措施。因此，一定的控制计划内容对应于PFMEA中的特定风险内容，控制计划内容的增减需要根据PFMEA中评估的风险决定。

一份良好的PFMEA中，失效模式识别的是过程的输出问题，这通常是半成品或产品的失效，明确半成品或产品的失效为产品的控制建立了基础；失效原因识别的是人员、机器（包括工装夹具）、物料、方法和环境等过程失效，明确过程的失效为过程的控制建立了基础。于是，PFMEA中的失效模式和控制计划中的产品特性建立起了对应关系，失效原因和过程特性建立起了对应关系。

需要将PFMEA中的控制措施转移到控制计划中并建立起控制回路，其过程主要由三个步骤组成。首先，找出PFMEA中的预防和探测措施中包含的防错类措施以及具有检查、测量性质，在量产阶段的措施。然后，确定它们控制的失效对象是关于产品还是关于过程的，如果是关于产品的，把该失效转化为产品特性放入控制计划的对应过程中；如果是关于过程的，把该失效转化为过程特性放入控制计划的对应过程中。最后，按照PFMEA中的控制策略继续在控制计划中策划其他内容。

表1-9为PFMEA对"注入胶水"过程中可能发生的"胶水量少"问题的一段分析。该PFMEA显示，在注胶程序中，胶水量设置值过少或者注胶头运动速度设置过快会导致注入胶水量少，策划的控制措施主要有目视检查、用天平以及卡尺测量。根据PFMEA结果，需要定期目视检查胶水量的设置是偏大还是偏小，检查注胶头运动速度的设置是过快还是过慢；需要每年对机器注出胶水的重量做设备能力分析；需要在开班和换型时，用天平测量机器每次注出的胶水重量是偏重还是偏轻；需要用卡尺抽样测量产品中的胶水高度是过高还是过低。

在本例中，失效模式"胶水量少"对应产品的失效，失效原因"注胶程序中设置的胶水量偏少或者注胶头运动速度设置过快"对应过程的失效。在将PFMEA中的控制措施转移到控制计划建立控制回路时，首先，找出PFMEA中的预防和探测措施中包含的防错类措施以及具有检查、测量性质，在量产阶段的措施。这些措施有"维护计划定义了定期检查胶量和速度参数""维护计划定义了每年做机器注出胶水量的设备能力分析""开班和换型时，用天平测量机器每次注出的胶水重量""用卡尺抽样测量产品中的胶水高度"。然后，确定它们控制的失效对象是关于产品还是关于过程的，如果是关于产品的，把该失效转化为产品特性放入控制计划的对应过程中；如果是关于过程的，把该失效转化为过程特性放入控制计划的过程中。"维护计划定义了定期检查胶量和速度参数"检查的是"胶水量设置"和"注胶头运动速度设置"，检查的对象关乎过程，因此是过程特性。"维护计划定义了每年做机器注出胶水量的设备能力分析"检查的是"机器注出胶水量的设备能力"，检查的对象关乎过程，因此也是过程特性。"开班和换型时，用天平测量机器每次注出的胶水重量"测量的是"机器每次注出的胶水量"，检查的对象关乎过程，这仍然是过程特性。"用卡尺抽样测量产品中的胶水高度"测量的是"胶水高度"，检查的对象关乎产品，因此是产品特性。以上特性的检查和测量都发生在"注入胶水"过程，所以，都放入控制计划的本过程中。如果检查和测量发生在其他过程，那要放到其他对应过程中。最后，按照PFMEA中的策略继续策划控制计划中的其他内容。其最终结果见表1-10所示。

表 1-9 PFMEA 对"胶水量少"问题的分析

编号	过程名称	过程功能	失效模式	失效影响	分类	失效原因	预防措施	探测措施	S	O	D	AP
1234	注入胶水	根据组装图样的要求，任产品中注入要求量的胶水	胶水量少	产品不能承受规范中定义范围内的振动		注胶程序中设置的胶水量偏少或者注胶头运动速度设置过快	1. 过程放行时，程序设置验证 2. 程序参数设置密码保护 3. 维护计划定义了定期检查胶量和速度参数 4. 维护计划定义了每年做次注出胶水量的设备能力分析	1. 开班和换型时，用天平测量机器每次注出的胶水重量 2. 用卡尺抽样测量产品中的胶水高度	8	2	6	中

表 1-10 PFMEA 中的控制措施转移至控制计划的结果

零件/过程编号	过程名称/操作说明	制造用机器、设备、夹具/工装	编号	特性		特殊特性分类	方法					反应计划
				产品	过程		产品/过程规范/公差	评价/测量技术	样本量	频次	控制方法	措施 责任人

零件/过程编号	过程名称/操作说明	制造用机器、设备、夹具/工装	编号	产品特性	过程特性	特殊特性分类	产品/过程规范/公差	评价/测量技术	样本量	频次	控制方法	措施	责任人
1234	注入胶水	注胶机、注胶夹具		胶水高度			参见图样 xyz	卡尺	1 件	每 10 件	胶水高度记录表 xxx，检验指导书 yyy	停止机器，将不良品放到分析盒中，通知工程师	作业员
					机器每次注出的胶水量		$(x \pm y)$ g	天平	1 件	开班和换型	开班和换型记录表 zzz，检验指导书 yyy	通知技术员调整机器	作业员
					机器注出胶水量的设备能力		Cmk ≥ 1.67	注胶机以及表格软件	50 件	每年	Cmk 报告	分析原因和纠正	工程师
					胶水量设置		$(a \pm b)$ g	目视检查	1 件	每月	维护计划 aaa	调整参数	工程师
					注胶头运动速度设置		$(c \pm d)$ m/s	目视检查	1 件	每月	维护计划 aaa	调整参数	工程师

第 2 章 认识控制理论

在控制计划里遗漏产品特性或者过程特性是经常犯的错误之一，如果遗漏了控制特性，这些特性若变差，可能会因为缺少控制而导致产生不良品，引起顾客投诉和增加内部失效成本。为了减少特性的遗漏，本章按照时间顺序分析了生产的各个阶段，即生产之前、生产之中、生产之后、后续生产以及长期生产五个阶段中可能的控制。

按照生产阶段策划需要控制的特性，可以显著减少产品特性和过程特性的遗漏。在这些控制手段里，有些检测可以监视产品和过程状态，有些检测可以挑选不良产品，合理地运用它们，既可以保证质量，又可以减少失效成本。

即使把产品和过程特性都识别完全，但如果对控制方法认识不足，就仍然无法选择合适的控制方法，那么控制计划既不足以使得产品满足顾客要求，也不能有效降低内部失效成本。所以，有必要建立控制方法库，了解它们的特点以及作用。在创建和更新控制计划时，可以选择合适的控制方法，这些控制方法包括防错、参数监视、抽样检测、统计过程控制、全数检测、周期检测及记录等。

2.1 认识生产阶段

2.1.1 生产之前

生产之前可能要做许多准备工作，比如更换和安装工装夹具、选择程序、设置参数、对原物料进行预处理或组装、验证测量系统等，很多时候，这些动作是由人工完成的，并与上一次生产有所不同，所以，经常会出现错误。比如，安装了错误的工装夹具、安装工装夹具的位置或方向错误、没有固定好工装夹具、选择了错误的程序、参数设置错误、没有对原物料预处理或者组装、对原物料的预处理或者组装错误等。

开始生产不仅发生在开始一个新的班次或者更换产品型号之后，也出现在生产中断之后，比如维护和修理之后的开始生产、更改参数之后的开始生产等。维护、修理以及更改参数可能发生的错误有漏安装或者错误安装设备或工装夹具的零部件、参数设置错误或者误改了其他参数等。

生产开始前的准备工作中发生的错误不仅发生概率高，而且影响也很大。一旦发生了错误，将会有很多产品出现不良，即使将来发现了这些问题，也将会有批量的产品面临返工返修甚至报废的境况，失效成本将会非常高。因此，需要重视对生产准备的控制。

为了防止生产准备过程中发生问题，组织一般会安排生产前的验证，这些验证不仅检查过程，也会检查产品。检查过程的例子有检查工装夹具及其零件的型号以及安装的正确性，检查程序、参数的正确性，检查生产和检测设备与工装夹具的状态；检查产品的例子有检查原物料型号以及预处理或组装的正确性，检测首件产品的正确性。还有一种情况，即本过程可能检测前过程的产品状态，比如本过程测量前过程注入胶水的高度。

需要把生产前的验证放入控制计划中，策划需要控制的产品和过程特性。表2-1展示了生产之前验证的一个案例。其中，每次加胶需要按照检验指导书yyy检查胶水型号，并记录在开班和换型记录表zzz中，如果胶水型号错误，需要更换正确型号的胶水；每次换型，设备会自动检查夹具是否正确，如果不正确，设备会报警并停止，作业员需要更换正确型号的夹具；开班和换型时需要按照检验指导书yyy，用天平测量机器每次注出的胶水量，并记录在开班和换型记录表zzz中，如果胶水量错误，需要调整机器，直到测量得到正确的胶水量。

2.1.2 生产之中

即使对生产之前的准备做了验证，随着生产的进行，问题还可能在生产过程中出现，这时如果没有及时发现问题，那出现问题的产品可能越来越多，失效产品流到顾客手中的概率就会增大，即使失效产品最终被拦截，内部的失效成本也会随着在制品和库存的增加而逐渐增大。比如，在生产过程中，如果刀具突然断裂，那么每个产品

表 2-1 生产之前验证的案例

零件/过程编号	过程名称/操作说明	制造用机器/设备、夹具/工装	特性		特殊特性分类	方法					反应计划	
			编号	产品	过程		产品/过程规范/公差	评价/测量技术	抽样		控制方法	措施	责任人
									样本量	频次			
1234	注入胶水	注胶机，注胶夹具		胶水型号			参见物料清单 xyz	目视检查标签	1件	每次加胶	开班和换型记录表 zzz，检验指甲书 yyy	更换胶水型号	作业员
					正确的夹具		参见夹具清单 abc	自动读取夹具的编码和系统设置对比	1件	每次换型	自动记录在系统中，自动控制，机器报警和停止	更换夹具型号	作业员
					机器每次注出的胶水量		$(x \pm y)$ g	天平	1件	开班和换型	开班和换型记录表 zzz，检验指甲书 yyy	调整机器	作业员

都会出现切割不良，这时候越早发现问题，问题的影响越小，但如果到了出货之前的目视检查才发现产品切割不良，那么不良产品的数量已经成批量，需要对涉及的所有产品进行处理，成本非常高昂。所以，对处于生产之中的产品和过程，组织一般也会选择检测。

组织可能会选择对生产之中的产品进行检测，这种检测可能是抽检，抽检的目的是确定产品特性在生产过程中是否已经发生显著变化，如果抽检发现有不良产品，需要对自上次抽检合格以来的产品进行挑选，然后进行返工返修、报废等处理。

由于生产中对产品的抽检是为了发现产品特性是否发生显著变化，所以，即使假设测量系统能够如实反映被测量物体的真实状况，产品抽检合格也并不能保证所有产品都满足要求。在生产成本允许的条件下，100%地对产品进行全检可以确认所有产品的状态，从而使检测有更高的可信度。

不论对产品进行抽检还是全检，如果发现了不良，产品就受到了影响，这些不良产品需要进行返工返修或者报废等处理，为了减少损失，很多组织对和产品特性有因果关系的过程特性也会进行检测，这些过程特性可能是零部件所处的位置以及工艺参数等。

对过程特性的检测一般会采取抽检，比如每小时测量一下炉温，其目的是确定过程特性在生产过程中是否已经发生显著变化，如果抽检发现过程特性已经发生显著变化，需要关注产品是否已经出现不良，从而采取反应措施。

100%地对过程特性进行全检可以确认过程特性在所有时间内的状态，从而使检测有更高的可信度，产品因过程特性不良而发生问题的数量较少。随着科技的进步，很多设备或者系统已经有了对过程参数进行全检的功能，比如持续地监控炉温，一旦炉温出现异常，设备就会报警。

在生产之中，针对产品特性以及那些影响产品特性的过程特性的检测需要放入控制计划中。表2-2显示的是生产之中检测的一个案例。该过程每生产10个产品要按照检验指导书yyy对胶水高度进行一次测量，并记录在胶水高度记录表xxx中，如果发现不良，作业员需要停止机器，将不良品放到分析盒中，并通知工程师。这是对产品的抽检，目的在于确定胶水高度这个特性在生产过程中是否发生了显著变化，从而及时干预。另外，该注胶设备具备对注胶头运动速度持续监控的功能，一旦发现注胶头运动速度发生异常，设备就会报警和停止，作业员通知工程师及时干预，不会发生注胶头运动速度问题而造成的胶水高度异常，这就降低了过程的失效成本。

表 2-2 生产之中检测的案例

零件/过程编号	过程名称/操作说明	制造用机器/设备、夹具/工装	特性			特殊特性分类	方法					反应计划	
			编号	产品	过程		产品/过程规范/公差	评价/测量技术	抽样		控制方法	措施	责任人
									样本量	频次			
1234	注入胶水	注胶机、注胶夹具		胶水高度			参见图样 xyz	卡尺	1 件	每 10 件	胶水高度记录表 xxx，检验指导书 yyy	停止机器，将不良品放到分析盒中，通知工程师	作业员
					注胶头运动速度		$(c \pm d)$ m/s	传感器	100%	持续进行	自动控制，机器报警和停止	通知工程师	作业员

2.1.3 生产之后

在生产之后对产品进行检测的原因往往是一批产品的生产已经结束，需要通过全检或者抽检的形式放行产品。由于这时产品质量状况已经铸成，如果发现产品问题，只能返工返修或者报废产品，因此会造成浪费。

如果在生产过程中已经实现了对产品的全数检测，那么生产之后的检测可能就是不必要的。如果担心生产之前以及生产之中的控制不足，担心生产出来的产品会出现不良而流入下个过程或者顾客手中，可以策划生产之后对产品的检测。

在一批产品生产完成之后对产品进行全检的目的是挑选不良品，由于这时所有产品的不良都已经铸成，而纠正这些不良需要很大成本，所以这种检测方法会造成浪费，除非受生产条件所限，一般并不会使用。

在一批产品生产完成之后对产品进行抽检的目的是确认批量产品的状态，决定是否可以放行产品到下一个过程或顾客。对生产之后的批量产品进行抽检一般需要运用统计抽样方法，或者挑选那些可以代表批量状态的产品。

忽略生产之前或者生产之中的检测，仅做生产之后的抽检是很危险的，为了安全起见，更常见的做法是将生产之后的抽样检测与生产之前的检测及生产之中的抽样检测结合起来。生产之前的检测使得生产从一开始就满足要求，生产之中的抽样检测可以了解和干预生产过程中产品和过程的变异，生产之后的抽样检测可以确认批量产品中的质量状态。

典型的生产之后的检测是末件确认，其方法是通过检测最后一件或几件产品，确认生产结束时产品的变异还没有超出标准。如果生产过程中采用的是抽检的方法，一旦末件确认表明产品存在不良，那么可以推测，末件之前的产品也可能存在不良，因此需要对整批产品进行挑选。

如果计划了生产之后的检测，例如末件确认，则需要在控制计划里得到体现。表 2-3 是生产之后检测的一个案例。在该案例中，将抽检与末件确认相结合，既可以监视生产过程中的产品状态，又可以确认生产结束时产品的变异还没有超出标准。作业员需要对每隔 10 件产品中的 1 件产品以及最后 1 件产品，按照检验指导书 yyy 对胶水高度进行测量，并记录在胶水高度记录表 xxx 中，如果检测发现不良，作业员将停止机器，将不良品放到分析盒中，并通知工程师，工程师会分析受影响范围并分派挑选不良品的任务。

表 2-3 生产之后检测的案例

零件/过程编号	过程名称/操作说明	制造用机器/设备、夹具/工装	特性		特殊特性分类	方法				反应计划		责任人
			编号	产品/过程		产品/过程规范/公差	评价/测量技术	抽样		控制方法	措施	
								样本量	频次			
1234	注入胶水	注胶机、注胶夹具	胶水高度			参见图样 xyz	卡尺	1件	每10件以及生产末件	胶水高度记录表 xxx，检验指导书 yyy	停止机器，将不良品放到分析盒中，通知工程师	作业员

2.1.4 后续生产

虽然对于产品特性和过程特性最好在产生这些特性的过程中进行检测，因为这样可以及时发现问题，并及时采取措施，防止问题扩大，但如果受到过程条件的限制，比如，无法从本过程拿出产品检测或者本过程属于瓶颈过程，不允许再增加检测的时间，或者本过程并不能完全控制住产品特性，为了保证顾客的利益，需要在后续过程继续控制该产品特性。再者，即使产品特性在本过程得到了确认，如果在后续过程还是可能受到影响，那么也需要在后续过程对该特性再次确认。

如前文所述，控制计划的逻辑是控制回路。如果在某一过程控制产品或过程特性的控制回路最短，问题的反馈最及时，则产品的失效成本最低。随着后续过程距离产生特性的过程越来越远，控制回路也越来越长，发现产品和过程问题的时间也越来越晚，影响的产品数量也越来越多，产品的失效成本因此也会越来越高。所以，若计划在后续过程控制产品或过程特性，应该考虑控制回路的长短。

在后续生产过程执行的控制需要体现在控制计划中，并且一般体现在控制该特性的过程中，而不是体现在产生该特性的过程中。表 2-4 呈现了一个在后续生产对产品特性进行检测的案例。"胶水外观"这个产品特性虽然已经在"注入胶水"过程中经过了检测，但团队担心后续过程会破坏"胶水外观"，决定在"外壳组装"过程中按照检验指导书 zzz 对这个特性进行再次检查，如果发现不良，将不良品放到分析盒中，如果达到了检验指导书定义的不良个数极限，需要通知工程师，工程师会向前序过程反馈。

表 2-4 后续生产检测的案例

零件/过程编号	过程名称/操作说明	制造用机器/设备、夹具/工装	特性			特殊特性分类	方法					反应计划	
			编号	产品	过程		产品/过程规范/公差	评价/测量技术	抽样		控制方法	措施	责任人
									样本量	频次			
5678	外壳组装	组装夹具		胶水外观			参见图样 xyz 以及失效目录 xxx	目视检查	100%	持续进行	检验指导书 zzz	将不良品放到分析盒中,达到检验指导书 zzz 定义的极限时,通知工程师	作业员

由于后续生产控制的特性在控制计划中被放入了后续过程中,而不是被放在产生该特性的过程中,而且对该后续过程的生产前、生产中或者生产后的控制也可以包含对之前过程所产生特性的检测,因此,为了简便起见,后文不再强调后续生产的生产阶段。但是要记住,一个过程生产前、生产中或者生产后的控制特性有可能来自前过程,而不仅仅是本过程产生或者影响的特性。

2.1.5 长期生产

随着生产的持续开展,比如经过若干周或者若干月,过程的能力或者产品特性可能会发生偏移,这将带来质量风险。在量产开始时,特性的数值处于规格中央位置,随着时间的推移,设备、工装夹具或者原物料等会发生变化,产品或过程特性可能会慢慢接近规范的限度。随着产品长期和大量生产,特性的偏移将导致越来越多不良产品的产生,所以,有必要对长期生产的过程进行周期性的验证工作。

周期性的验证工作既可能涉及产品特性,也可能涉及过程特性。

对产品特性的周期性验证工作叫作产品再评定,这包括产品的全尺寸检验以及功能性试验。全尺寸检验是对设计图样或者设计记录上显示的所有产品尺寸进行的完整测量,而功能性试验是根据工程材料以及性能标准对产品进行的功能和性能测试。产品再评定的频率按照顾客和组织定义的要求执行。

对过程特性的周期性验证工作包括对设备的动作或者状态的检查以及设备能力分析和过程能力分析。设备能力分析是在短时间内对特性进行测量和分析,因此只分析设备对过程的影响,而过程能力分析是在较长的时间内对特性进行测量和分析,因此综合分析了人、机、料、法、环等变异因素对过程的影响。

对产品和过程的周期性验证需要体现在控制计划中。表 2-5 提供了一个在长期生产中对特性进行检测的例子。由于团队比较重视机器注出胶水量的波动，所以决定每年量取 50 个数据，分析机器注出胶水量的设备能力，出具 Cmk 报告，如果报告显示设备能力异常，那么工程师需要分析原因并纠正。在产品再评定阶段，团队按照顾客的要求每年取得 1 件产品做胶水黏结力试验，出具功能性试验报告，如果报告显示试验异常，那么工程师需要分析原因并纠正。

表 2-5　长期生产检测的案例

零件/过程编号	过程名称/操作说明	制造用机器/设备、夹具/工装	特性		特殊特性分类	方法					反应计划	
			编号	产品	过程		产品/过程规范/公差	评价/测量技术	抽样		控制方法	措施	责任人
									样本量	频次			
1234	注入胶水	注胶机、注胶夹具			机器注出胶水量的设备能力		Cmk ≥ 1.67	注胶机以及表格软件	50件	每年	Cmk报告	分析原因并纠正	工程师
7890	产品再评定	参见实验室测量工具清单xyz			胶水黏结力		参见功能性试验标准abc	黏结力测试仪	1件	每年	功能性试验报告	分析原因并纠正	工程师

2.2　认识控制方法

2.2.1　防错

防错是为预防制造出不合格产品而进行的产品和制造过程的设计和开发。防错分为产品的防错以及过程的防错，产品的防错将成为产品的一个特性，会在生产或者使用过程中一直发挥作用。在产品设计阶段考虑可能的生产错误，并采取相应的防错设计可以减少过程中对该生产错误的控制，从而实现更经济和更有效的控制。

如果产品设计没有包含有效的防错措施，而且生产过程中很有可能发生某种错误或者某种错误引发的影响较大，便可以考虑针对该错误的过程防错，比如针对性地设计工装夹具、增加机器报警或停止机制。

防错技术从效果上可以分为软防错以及硬防错。软防错是应用视觉或者听觉元素引发人员的关注从而减少和发现错误，而硬防错通过尺寸、外形和干预等方法强行停止错误。很显然，软防错不一定能有效地杜绝或者停止错误，而硬防错可以有效地控制住错误。

运用防错技术可以有效地预防或者发现人为的错误，因此，防错技术从性质上可以分为预防类防错以及探测类防错。预防类防错旨在防止某错误的发生，而探测类防错用来发现并停止该错误。

典型的预防类过程防错是通过工装夹具的形状或销钉实现防错，一般用来预防作业员把原物料、半成品或产品放错方向、位置等，比如，载具的防错设计使得方向错误的产品外壳放不进载具内。

探测类过程防错有两种典型的方式。第一种是运用各种传感器感应过程的状态，当状态不正确时，触发机器报警或停止，比如压力传感器监控压力大小，当压力不符合要求时，机器报警和停止；第二种是运用各种信息输入设施，例如读码器、阅读器或光学装置读取信息，然后自动检查信息正确与否，比如扫码枪自动扫描原物料上的二维码，如果原物料错误，机器会报警或停止。

防错技术很多时候针对的是严重程度比较高或者发生概率比较大的失效，因此比较重要。运用在过程控制中的预防类以及探测类硬防错需要体现在控制计划中，从而实现防错在过程中的运用。

防错装置本身也可能发生问题，会导致不能实现预期的防错效果。比如工装夹具会磨损，不能再预防原物料、半成品或产品被放错方向或位置；传感器会被调整或者会损坏，不能再感应过程的不同状态。防错装置失效是很危险的，因为防错很多时候是针对严重程度比较高或者发生概率比较大的失效，一旦防错装置失效，这些问题就可能发生。

因此，不仅要在控制计划里体现防错装置的运用，也要在控制计划中计划对防错进行确认，以保证防错措施的持续有效。比较常见的防错确认是采用"挑战件"模拟失效，观察防错的效果，比如，故意把产品放错方向，观察能否放进夹具；故意扫描错误的物料标签，观察设备能否报警和停止。

表2-6展示了防错及确认措施在控制计划中的一个案例。该案例采用颜色传感器控制系统这种防错装置来控制胶水型号，在每次加胶时，颜色传感器控制系统会自动检测胶水的颜色，如果颜色错误，机器会立刻报警和停止。为了预防在需要防错时防错装置失效，每月维护时，需要安装错误的胶水以检查防错的有效性，并把结果记

录在维护检查表 zzz 中。如果机器不能报警和停止，需要通知工程师分析原因并予以纠正。

表 2-6 防错和确认措施的案例

零件/过程编号	过程名称/操作说明	制造用机器/设备、夹具/工装	特性			方法					反应计划	
			编号	产品	过程	特殊特性分类	产品/过程规范/公差	评价/测量技术	抽样		控制方法	措施	责任人
									样本量	频次			
1234	注入胶水	注胶机、注胶夹具		胶水型号			参见物料清单	颜色传感器控制系统	1件	每次加胶	自动防错，机器报警和停止	更换正确的胶水	作业员
					防错确认		颜色传感器控制系统的正确功能	挑战件（错误胶水）	1件	每月	维护检查表 zzz，检验指导书 yyy	通知工程师	维护员

2.2.2 全数检测

全数检测简称全检。全检是对待检的所有个体进行检测的一种检测方法，这里的个体可能是产品，也可能是过程。全检可以了解所有产品和过程的状态，从而挑选出不良的产品或者过程，因此，全检是一种非常可信的检测方法。对重要的产品或者过程特性，或者不稳定或缺乏能力的产品或过程特性一般选择全检。

全检不仅可以针对产品特性进行，也可以针对过程特性进行。对产品特性运用全检可以及时有效地发现产品的不良，从而拦截不良的产品继续往后续过程流动；对过程特性运用全检，可以及时有效地发现过程的问题，从而及时对过程进行干预，停止不良过程继续运行。从前对过程特性全检可能存在一定的困难，随着科技的进步，过程特性全检已经变得比较容易，生产执行系统可以对很多过程参数进行 100% 的监控。

全检检测了总体中的所有个体，但每个个体不一定只被检测一次，也可能被检测两次甚至更多次，也就是不一定总是 100% 检测的，也可能是 200% 检测的，甚至更多。检测多次是为了更加可靠地探测出不良，对人工检测来说尤其如此。虽然有效的人工检测不管次数有几倍，在 PFMEA 中总是被评价为相同的探测分数，但实际上，人工检测两次的效果确实比一次更强，其原因在于人员不可能一直保持较高的专注力，人员在某个时候出现的疏忽会被第二次检测所覆盖，于是降低了质量风险。

全检可以采用检测系统、设备、工具，也可以凭借人员的感官进行，典型的感官检测是 100% 目视检查。检测系统、设备、工具如果经过验证，检测能力一般会在比较长的时间内得到保持，而目视检查会受到人员的知识、经验、生理和心理状态等因素的影响，因此在检测过程中都会引入漏检或错检的风险。AIAG 深知其中的道理，在其《控制计划参考手册》中要求，如果依赖 100% 目视检查的方法，则控制计划必须包括对目视检查的定期验证，比如应用抽样审核、离线测量等方法验证人员判断的正确性。

表 2-7 提供了一个全数检测的案例。在该例子中，作业员按照检验指导书 zzz 全数检测胶水外观，因此可得知所有产品的胶水状态。如果发现不良，需要将不良品放到分析盒中，如果达到了检验指导书 zzz 定义的极限值，需要通知工程师解决问题。为了减少 100% 目视检查过程中的漏检或错检风险，由领班对目视检查过的产品再进行抽样验证。如果验证发现不良产品，不仅说明本批次产品中还可能存在不良，需要重新检测，还可能说明作业员的技能不足，需要重新培训该作业员。

其实，本过程不仅有员工全检胶水外观这样的产品特性，还有传感器系统对注胶头运动速度这样的过程特性进行自动全检，当检查发现不良时，机器报警和停止，此时，作业员需要通知工程师解决问题。

2.2.3 抽样检测

虽然对产品或者过程进行全部检测可以了解所有个体的情况，可以挑选出不良产品或者过程，但是，有时候条件是不允许全检的，比如有大量的产品或过程状态需要检测时，或者检测具有破坏性或者花费非常昂贵时，往往要选择抽样检测（简称抽检）。

抽检是从待检的产品或过程中抽取一个随机样本，对样本中的个体进行全检，然后根据样本的状态对总体的状态进行判断的一种检测方法。与全检相比，抽样检测的目的并不是挑选不良产品或过程，而是对产品或过程的状态进行判断，从而决定是否需要对产品或过程采取纠正措施。

因此，产品或者过程经过了抽样检测，即使评价测量技术的判定是正确的，也不能保证所有的产品或者过程状态没有问题。原因在于还有产品或者过程状态没有经过检测，我们并不知道它们的状态如何，我们只是推测它们有较大的可能性会合格，但实际可能并非如此。

表 2-7 全数检测的案例

零件/过程编号	过程名称/操作说明	制造用机器/设备,夹具/工装	特性编号	特性产品	特性过程	特殊特性分类	产品/过程规范/公差	评价/测量技术	方法 抽样 样本量	方法 抽样 频次	控制方法	反应计划 措施	反应计划 责任人
1234	注入胶水			胶水外观			参见图样 xyz 以及失效目录	目视	100%	持续进行	检验指导书 zzz	将不良品放到分析盒中,达到检验指导书 zzz 定义的极限时,通知工程师	作业员
		注胶机、注胶夹具		目视检查的验证:胶水外观				目视	10件产品(经过目视检查)	每 2h	检验指导书 zzz	将本批次产品重新检测,重新培训该作业员	领班
					注胶头运动速度		$(c \pm d)$ m/s	传感器	100%	持续进行	自动控制,机器报警和停止	停止机器,通知工程师	作业员

抽样检测的一个常见的应用是根据样本检验的结果决定所在批接受与否，经常运用在对原物料或者最终产品的整批抽样检测中。通常参照 GB/T 2828.1—2012《计数抽样检验程序 第 1 部分：按接受质量限（AQL）检索的逐批检验抽样计划》执行。其操作步骤是在决定可接受的质量限、检验水平、检验批量以及检验严格程度之后，检索抽样方案表得到抽样方案。抽样方案的表达形式是 (N, n, A_c)，其含义为在批量为 N 的一批次中，抽取样本量为 n 的样本，当不良数或不良品数小于或等于 A_c 时，则接受该批，否则拒收该批。

抽样检测的另一个常见的应用是在生产过程中抽取产品或过程的样本，从而了解产品或过程的状态，决定是否对产品或过程采取纠正措施。这时选取的样本量并没有抽样方案表定义得那么严格，但需要样本能作为产品或者过程状态的代表。值得注意的是，如果某个过程存在平行工位，抽检的范围应涵盖这些平行工位，因为一个工位上的产品和过程的状态并不一定能代表其他工位的情况。需要注意的是，在选择抽样频率时，要能够保证万一抽样发现不良，能够追溯到上一次检查合格到现在生产的所有产品，以对这些产品进行挑选或其他处理。

表 2-8 为抽样检测的一个案例。在该例子中，夹具有两个平行穴位，每个穴位上的产品状态都具有独立性，因此，这两个穴位上的产品加在一起才可能代表整个生产的产品状态。于是，团队选择在每生产 10 件产品以及生产末件产品时，抽检夹具每个穴位上的产品，也就是每次抽取两件产品测量胶水高度，当抽检结果显示不良时，员工将不良品放到分析盒中，并按照检验指导书 yyy 判断是否应该停止机器并通知工程师。工程师接到通知后会调查原因，必要时追溯上一次检查合格到现在生产的所有产品。

表 2-8 抽样检测的案例

零件/过程编号	过程名称/操作说明	制造用机器/设备、夹具/工装	特性			特殊特性分类	方法					反应计划	
			编号	产品	过程		产品/过程规范/公差	评价/测量技术	抽样		控制方法	措施	责任人
									样本量	频次			
1234	注入胶水	注胶机、注胶夹具		胶水高度			参见图样 xyz	卡尺	夹具每个穴位 1 件，共 2 件	每 10 件以及生产末件	胶水高度记录表 xxx，检验指导书 yyy	停止机器，将不良品放到分析盒中，通知工程师	作业员

2.2.4 统计过程控制

产品或者过程在开始生产时满足要求，可后来随着时间的推移，出现了不良，其根本原因是产品和过程特性存在波动，这些波动是人、机、料、法、环、测综合作用的结果。如果这些波动持续变大或者忽然变大，过程就会变得不再稳定；如果这些波动本来就比较大，则过程能力显得不足，过程不稳定或者能力不足都会导致过程生产出不满足要求的产品。但波动总是存在，无法消除，质量控制更重视把波动稳定地控制在一定水平上。

生产中的每个产品和每种过程状态只是其所在生产总体中的一个个体，所有的产品和过程状态组成了总体。产品特性或过程特性总体良率的高低，取决于总体分布中心的位置以及个体特性值波动的大小。分布中心越是靠近规格中心或者特性值波动越小，过程能力就越强，它们的良率就越高。反之，如果特性分布中心的位置发生偏移，则这些特性在整体上更容易靠近特性的规范限。如果特性的变差较大，则该特性的一些数值可能偏离规范范围。

不稳定的波动不仅可以使产品或者过程特性的分布位置发生变化，也可能使得这些特性的变差增大。图 2-1 为某一特性的概率分布图，此时的图像表明，特性总体分布的中心位置距离虚线表示的规范限尚远，即使个体变差从中心位置延伸出来，也未使得特性值超出规范，这一切都表明产品或者过程特性非常安全。

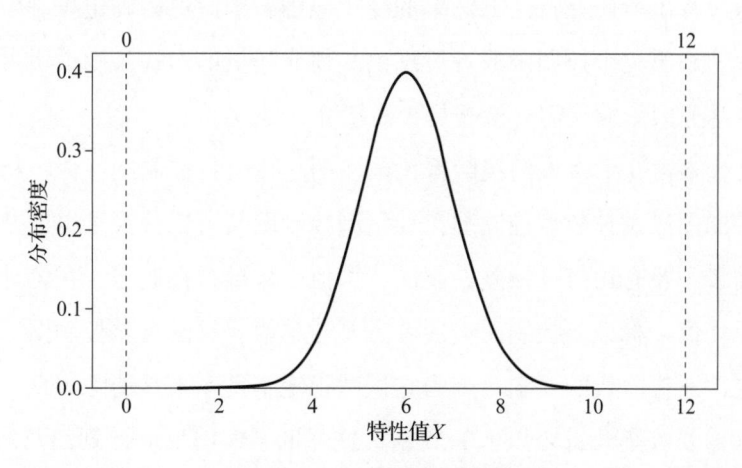

图 2-1 特性的概率分布图

突然，该过程受到了特殊原因的影响，先假设分布的中心位置发生改变，比如从 6 的位置移动到 2 或者 10 的位置，而特性之间的变差没有发生变化，很显然，这时将会有很多产品或者过程特性超出规范；再假设分布的中心位置没有发生变化，而特性之间的变差发生很大变化，图中的曲线将会变得跨度更大，于是也会有很多特性值超出规范的范围。

综上所述，过程质量控制的关键点一方面在于保持过程的稳定状态，另一方面在于使过程能力满足要求。判断过程是否处于稳定状态一般借助控制图，而评价过程能力一般使用过程能力指数。这两个工具共同组成了统计过程控制（SPC）。由于统计过程控制研究的是数据的位置、波动、控制限和能力指数，因此，与参照规范的控制方法相比，统计过程控制更有预见性，能预防不良的发生。

稳定状态下的波动是由过程的普通原因引起的，普通原因是指那些始终作用于过程的多种变差来源，如果一个过程只受普通原因影响并且不改变，那么过程或者产品特性便是可以预测的；反之，如果过程变得不稳定是由特殊原因引起的，特殊原因是指那些偶然发生并且不可预测的因素，那么特殊原因将以不可预测的方式影响过程或者产品特性。

控制图是区分特性是否稳定或者是否存在特殊原因影响的可视化工具。控制图基于假设检验的原理，原假设是过程处于稳定状态，然后按照设定频次对所研究特性进行取样，每次取样形成一个组内数据，用各次取样的组内数据估计总体的标准差。如果变量服从正态分布，其变化的范围大概率应该在平均值的正负3个标准差内。基于这个原理，可以算出所研究特性大概率的变化范围，因此可以确定控制限。如果取样并计算的实际值超出这个控制限或者呈现出其他非随机的形式，则说明过程可能不再稳定，存在特殊原因影响，需要检查是否需要介入处理。

控制图类型丰富，平常人们接触得比较多的是休哈特控制图。休哈特控制图可以分为计量型控制图以及计数型控制图，计量型控制图又可以分为子组以及单值的计量型控制图，前者主要有均值-极差控制图、均值-标准差控制图，在统计软件的帮助下，经常使用均值-标准差控制图；后者主要有单值-移动极差控制图。计数型控制图已经慢慢无法适应时代的要求，因为它试图稳定不良而不是消除不良，并且在判断是否有异常前需要收集几百个以上的数据，这降低了实施反应计划的及时性。表2-9总结了常用的计量型控制图类型。

判断产品或者过程可能不再稳定或者可能出现特殊原因影响的信号主要是抽取样本后，在控制图上描点发现出现一点或者更多点超出了控制限。除了主要判断准则外,其他备选的判断准则是"7点准则",即连续7点排在均值线的一侧以及连续7点上升或下降。当出现产品或者过程不稳定的信号后,需要分析产品或者过程影响因素是否真的出现了特殊原因,如果确实出现了特殊原因,需要对过程进行纠正,并可能需要对产品进行挑选。

表 2–9 常用的计量型控制图

计量型控制图	
控制位置的控制图	控制变差的控制图
均值图	极差图
单值图	标准差图

统计过程控制的另一个工具是能力或性能指数。在这些指数里,有设备能力指数、过程能力指数与过程性能指数。顾名思义,它们各自反映满足产品或者过程特性要求的设备能力或者过程能力。

设备能力指数是在生产设备上短时间连续取样分析而来的,只反映了设备带来的变差,没有反映人员、物料等产生的变差,因此只反映设备本身满足要求的质量能力。

过程能力指数和过程性能指数的分析都是基于分组取样的,能力指数适用于稳定的过程,而不稳定的过程用性能指数来分析。如果是稳定的过程,过程能力指数和过程性能指数相差不大。用来计算能力指数和性能指数的取样时间间隔可短可长,时间间隔短的取样一般发生在过程的试生产阶段,那时生产的产品较少,而时间间隔长的取样发生在量产后,那时有了较多的产品,为分析各种变差来源提供了机会。

对于计算公式,可以分为两个大组。潜在的能力和性能指数考虑了特性的规范和变差,因此反映了数据在波动的情况下满足规范的程度,而实际的能力和性能指数既考虑了特性的规范和变差,还考虑了数据分布的集中情况,因此反映了数据在同时波动和偏移的情况下满足规范的程度。

计算过程能力指数、设备能力指数和过程性能指数的公式中都含有 σ,只是计算方法有所不同,计算过程能力指数采用的 σ 是由子组极差的平均值或子组的平均样本标准差估计的过程固有变差而来的,即 $\sigma_c = \bar{R}/d_2$ 或者 $\sigma_c = \bar{S}/C_4$,而计算设备能力指数以及过程性能指数采用的 σ 是由所有数据计算出来的样本标准偏差,即

$$\sigma_P = s = \sqrt{\sum_{i}^{n} \frac{(x_i - \bar{x})^2}{n-1}}$$

表 2-10 总结了常用指数的名称、区别、公式以及要求。

表 2-11 提供了将 SPC 作为控制方法的一个案例。在该案例中，每小时抽取 5 个连续的产品测量胶水高度，把测量结果记录在均值和标准差控制图中，计算样本均值以及标准差，并在控制图上描点，判定控制图上是否有不稳定的迹象，当控制图显示过程不稳定时，需要及时通知工程师进行诊断，如果诊断表明过程确实已经发生了异常，需要采取纠正措施来稳定过程。除了在生产时及时进行监控，该过程还会周期性验证设备能力指数（Cmk），从而判断设备满足要求的能力是否减弱。

2.2.5 记录

检测产品特性或者过程特性之后，一般会选择把数据记录下来，之所以如此重视记录，是因为记录最起码有以下三点作用。

首先，记录是执行的提醒和证据。如果只是用作业指导书定义人员需要检测的某些特性，人员可能会忘记检测，但是如果要求人员填写这些特性的检测结果，这就能提醒人员检测这些特性；如果担心人员没有检测某些特性，那么对这些特性的记录可以作为已经执行的证据，记录增强了执行的可信度。在记录的各种类型中，一个常见的形式是检查表，比如开班换型检查表、巡检检查表等，检查表融合了作业标准以及记录的功能，既能提醒人员完成任务，又是任务结果的证据。

记录为数据分析提供了可能。很多组织把检测结果记录下来只是为了证明做了检测，并没有其他目的，这就忽略了记录其实是一座巨大的宝藏。通过记录可以得知特性的分布形状、位置、宽度以及趋势，从而认识特性的特点和状态，为预防问题和持续改善建立基础。

最后，记录也为将来的问题分析提供了便利。当问题发生后，需要排查之前发生过的异常，寻找问题发生的原因。当初所做的记录是对当时产品特性或过程特性的反映，检查这些记录的异常便为寻找问题的原因提供了启示。

没有必要对任何检测的结果都进行记录，因为记录也是需要成本的，当记录所花费的成本远大于所获得的收益时，很多时候会选择不做记录。一般来说，越是重要的特性，越需要记录。

两种最常见的记录形式包括检查表以及记录表。检查表包括检查项目、检查标准以及检查之后的确认。记录表定义了需要记录的项目，有的记录表还融合了判断标

表 2-10 常用指数的总结

指数	名称	区别	公式（正态分布下）	指数要求	取样要求
Cm	（潜在）设备能力指数	考虑了特性的规范和变差，仅反映短期的设备能力	（上规格限 − 下规格限）/6σ	≥ 1.67	连续取样至少 50 个数据
Cmk	设备能力指数	综合考虑了特性的规范、变差和集中情况，仅反映短期的设备能力	以下两个结果中较小的值： （上规格限 − 总平均值）/3σ （总平均值 − 下规格限）/3σ	≥ 1.67	连续取样至少 50 个数据
Cp	（潜在）过程能力指数	考虑了特性的规范和变差，反映稳定过程的能力	（上规格限 − 下规格限）/6σ	≥ 1.33 （初始研究 ≥ 1.67）	至少 125 个数据，比如 25 个子组，每组 5 个样本 （初始研究至少 100 个数据）
Cpk	过程能力指数	综合考虑了特性的规范、变差和集中情况，反映稳定过程的能力	以下两个结果中较小的值： （上规格限 − 总平均值）/3σ （总平均值 − 下规格限）/3σ	≥ 1.33 （初始研究 ≥ 1.67）	至少 125 个数据，比如 25 个子组，每组 5 个样本 （初始研究至少 100 个数据）
Pp	（潜在）过程性能指数	考虑了特性的规范和变差，反映不稳定过程的能力	（上规格限 − 下规格限）/6σ	≥ 1.33 （初始研究 ≥ 1.67）	至少 125 个数据，比如 25 个子组，每组 5 个样本 （初始研究至少 100 个数据）
Ppk	过程性能指数	综合考虑了特性的规范、变差和集中情况，反映不稳定过程的能力	以下两个结果中较小的值： （上规格限 − 总平均值）/3σ （总平均值 − 下规格限）/3σ	≥ 1.33 （初始研究 ≥ 1.67）	至少 125 个数据，比如 25 个子组，每组 5 个样本 （初始研究至少 100 个数据）

表 2-11 SPC 作为控制方法的案例

零件/过程编号	过程名称/操作说明	制造用机器/设备/夹具/工装	特性		特殊特性分类	产品/过程规范/公差	评价/测量技术	方法			控制方法	反应计划	
			编号	产品 过程				抽样		频次		措施	责任人
								样本量					
1234	注入胶水	注胶机、注胶夹具		胶水高度		参见图样 xyz	卡尺	5 件		每小时	均值和标准差控制图，检验指导书 yyy	通知工程师	作业员
				机器注出胶水量的设备能力		Cmk ≥ 1.67	注胶机以及表格软件	50 件		每年	Cmk 报告	分析原因和纠正	工程师

准，辅助作业人员完成检查任务。检查表和记录表都是防止人员遗忘，提高执行力的有效措施之一。

当需要保证员工在一些重要检查项目中的执行力和检查项目的可追溯性时，可以选择使用检查表或者记录表。因此，记录数据也是一种控制方法，如果检测需要记录数据，那就应该把承载这些记录的表单或地址作为一种控制方法放入控制计划中。表2-12提供了把记录作为控制方法的一个案例。其中，胶水高度记录表记录了测量过的胶水高度，开班和换型记录表记录了机器每次注出的胶水量，Cmk报告分析了机器注出胶水量的设备能力，维护记录表记录了胶水量设置。检测记录提高了员工对检测的执行力，为执行检测提供了依据，为数据分析建立了基础，也为将来的问题分析提供了便利。

表 2-12 记录作为控制方法的案例

零件/过程编号	过程名称/操作说明	制造用机器/设备、夹具/工装	特性		特殊特性分类	方法					反应计划		责任人
			编号	产品		产品/过程规范/公差	评价/测量技术	抽样		控制方法	措施		
				过程				样本量	频次				
1234	注入胶水	注胶机、注胶夹具		胶水高度		参见图样 xyz	卡尺	1件	每10件	胶水高度记录表 xxx，检验指导书 yyy	停止机器，将不良品放到分析盒中，通知工程师		作业员
				机器每次注出的胶水量		$(x \pm y)$ g	天平	1件	开班和换型	开班和换型记录表 zzz，检验指导书 yyy	调整机器		作业员
				机器注出胶水量的设备能力		Cmk ≥ 1.67	注胶机以及表格软件	50件	每年	Cmk 报告	分析原因和纠正		工程师
				胶水量设置		$(a \pm b)$ g	目视检查	1件	每月	维护计划 aaa	调整参数		工程师

第 3 章 行业对控制计划的要求

在执行控制计划过程之前,需要了解行业和组织制定的文件对控制计划的要求。这些要求往往来源于行业或组织自身的最佳实践以及经验教训,满足这些要求会提高组织控制计划工作的成熟度,降低产品和过程的风险,在降低生产成本的同时满足顾客要求。若不满足这些要求,一方面无法获得以上收益,还会导致出现顾客、体系、过程审核时的不符合项,需要进行限时整改。因此,有必要理解 IATF 16949《汽车行业质量管理体系标准》、德国汽车工业协会发布的过程审核标准 VDA6.3 和 AIAG 发布的《控制计划参考手册》对控制计划的要求。

3.1 IATF 16949 的要求

3.1.1 创建和批准

关于控制计划的创建,标准在"设计和开发控制"的"原型样件方案"章节要求,如果顾客有需要,组织应制订原型样件控制计划;标准在"设计和开发输出"的"制造过程设计输出"章节,要求制造过程设计输出应包括控制计划;标准在"生产和服务提供的控制"的"控制计划"章节,要求组织应针对相关制造现场和所提供的产品,在系统、子系统、部件和 / 或材料层次上制订控制计划,并要求组织制订试生产控制计划和量产控制计划,采用共同制造过程的散装材料或类似零件可以接受使用控制计划族;标准在"设计和开发策划"章节,要求组织采用多方论证的方法,由来自不同部门的多功能小组开发和评审控制计划。

所以，如果顾客有要求，组织要在产品的研发阶段制订原型样件控制计划；在过程的研发和确认阶段，组织要在所负责的生产层次上分别制订试生产控制计划和量产控制计划；有共同制造过程的类似产品可以放在同一份控制计划中；应该由多功能小组共同制订控制计划。

关于控制计划的批准，标准在"生产和服务提供的控制"的"控制计划"章节要求，如果顾客有需要，变更后的控制计划应获得顾客批准；标准在"质量管理体系及其过程"的"产品安全"章节，要求对产品安全相关的控制计划实行特殊批准。

所以，如果顾客有要求，控制计划的放行需要获得顾客的批准。如果涉及与产品安全相关的特性，控制计划需要获得特殊批准。特殊批准需要遵循顾客要求或者组织内部定义的流程，一般由有资质的人员进行。该项条款的目的是让特殊批准人员通过批准控制计划对安全特性的控制进行确认。

3.1.2 必要的内容

IATF 16949 标准在"设计和开发输入"的"特殊特性"章节，要求组织将识别出来的特殊特性记录进控制计划。

标准在"生产和服务提供的控制"的"控制计划"章节，要求控制计划显示出与设计风险分析（如果顾客已提供）、过程流程图和制造过程风险分析输出（如 FMEA）的联系，并包含以下内容：①制造过程的控制手段，包括作业准备验证；②适用的首件/末件确认；③顾客和组织确定的对特殊特性的检视方法；④顾客要求的信息；⑤当探测到不合格品及过程变得不稳定或统计能力不足时，规定的反应计划。

标准在"产品和服务的放行"章节要求组织应确保用于验证产品和服务要求得以满足的策划的安排围绕控制计划进行，并在控制计划中形成文件化规定。

标准在"不合格和纠正措施"的"防错"章节，要求组织将防错方法的测试频率记录在控制计划中。

标准在"绩效评价"的"统计工具的识别"章节，要求组织确定和使用适当的统计工具，确保适当的统计工具应用在设计风险分析（如 DFMEA）、过程风险分析（如 PFMEA）和控制计划中。

标准在"产品和服务的放行"的"全尺寸检验和功能试验"章节，要求组织按控制计划中的规定，根据顾客的工程材料和性能标准，对每一种产品进行全尺寸检验和功能性验证。

标准在"变更控制"的"过程控制的临时变更"章节，要求组织应保持一份控制计划中提及的、经过批准的替代过程控制方法的清单并定期审核。

标准在"返工产品的控制"和"返修产品的控制"章节，分别要求组织应有一个文件化的，根据控制计划或其他成文信息确认返工或返修的过程。

综上所述，标准要求控制计划应该包括特殊特性的识别、过程流程图中定义的过程、DFMEA 中适用的产品特性、PFMEA 中的控制方法、产品的控制、制造过程的控制（包括作业准备验证）、防错的验证、统计工具的使用、定期的全尺寸检验和功能试验、过程控制的临时变更、返工或返修的过程。

3.1.3 应用场景

IATF 16949 标准在"监视和测量资源"的"测量系统分析"章节，要求组织进行统计研究来分析控制计划所识别的每种检验、测量和试验设备系统的结果中呈现的变异。

标准在"不合格和纠正措施"的"防错"章节，要求组织将防错方法的测试频率记录在控制计划中。

标准在"产品和服务的放行"章节，要求组织应确保用于验证产品和服务要求得以满足的策划的安排围绕控制计划进行，并在控制计划中形成文件化规定。

以上三点描述了控制计划典型的三个应用场景。首先，应该对控制计划中识别的检验、测量和试验设备系统进行测量系统分析，从而保证检测的可信性；然后，需要按照控制计划确认防错装置是否能够实现预期的防错功能，从而保证防错装置的可靠性；最后，需要按照控制计划验证产品的要求是否得到满足，在策划的安排完成之前，不应向顾客发售产品。

3.1.4 监视和审核

IATF 16949 标准在"能力"的"内部审核员能力"章节，要求组织的制造过程审核员应证实其对于待审核的相关制造过程具有技术知识，包括 PFMEA 和控制计划。

标准在"能力"的"第二方审核员能力"章节，要求第二方审核员应符合顾客对审核员资质的特定要求，并了解适用的待审核制造过程，包括 PFMEA 和控制计划。

标准在"监视、测量、分析和评价"的"制造过程的监视和测量"章节，要求组织应验证已实施了过程流程图、PFMEA 和控制计划，包括符合规定的以下内容：①测量技术；②抽样计划；③接收准则；④计量型数据实际测量值和 / 或试验结果的记录；⑤当不满足接收准则时的反应计划和升级程序。

标准在"内部审核"的"制造过程审核"章节，要求组织的制造过程审核应包括对 PFMEA、控制计划及相关文件实施有效性评估。

综上所述，标准要求组织验证控制计划是否已经执行，包括控制计划中定义的评价测量技术、抽样计划、接收准则、记录、反应计划和升级程序。标准还要求内部审核员和第二方审核员具备被审核过程的控制计划知识，这不仅有利于其了解被审核过程的控制，也为发现控制计划文件的问题提供了基础；接下来，标准呼应前文，要求在制造过程审核中审核控制计划是否得到有效执行。

3.1.5 更新和升级

IATF 16949 标准在"生产和服务提供的控制"的"控制计划"章节，要求组织应针对如下任一情况进行评审并在必要时更新控制计划：①当组织确定已经向顾客发运了不合格产品；②当发生任何影响产品、制造过程、测量、物流、供应货源、生产量或 FMEA 的变更；③收到顾客投诉并实施了相关纠正措施后；④达到基于风险分析设定的频率。

标准在"不合格和纠正措施"的"问题解决"章节，要求组织有一个形成文件的问题解决过程，此过程应包括对适当的形成文件信息（如 PFMEA、控制计划）的评审，并在必要时进行更新。

所以，基于标准的要求，有四种情况需要评审控制计划，并通过评审决定是否要更新控制计划。首先，如果确定已经向顾客发运了不合格品，需要评审控制计划，决定是否需要追加其他的措施以控制问题的再次流出；然后，当 FMEA 变更或者过程发生了影响控制计划内容的变更后，需要评审控制计划以执行 FMEA 中的控制措施以及控制变更后的风险；接着，当顾客投诉或问题解决，实施了相关纠正措施后，需要评审控制计划以添加必要的措施防止问题的再次发生；最后，需要基于风险大小，确定时间定期评审控制计划，以使控制计划适应目前的生产情况并可以持续改进。

3.2 VDA6.3 的要求

3.2.1 创建的时机

VDA6.3 标准在"P4 产品和生产过程开发的实现"的"P4.6 生产和检验规范是否来源于产品和过程研发并得到执行？"章节，要求组织具备控制计划，并贯穿原型样件阶段（如果顾客有要求）、试生产阶段和批量生产阶段。

所以，控制计划应该在产品和过程研发的实现阶段就已经创建，并且控制计划在经过原型样件阶段、试生产阶段和批量生产阶段时是不断演变的，前阶段的控制计划为后阶段的控制计划提供输入。其中，原型样件控制计划在顾客有需要时制订。

3.2.2 必要的内容

VDA6.3 标准在"P4 产品和生产过程开发的实现"的"P4.6 生产和检验规范是否来源于产品和过程研发并得到执行？"章节，要求制造和检验规范包含所有来自产品和生产过程开发的检验特性。需考虑到所有适用的总成、组件、物料以及生产过程。

标准在"P6 生产过程分析"的"P6.2.1 控制计划以及生产和检验文件中的要求是否完整，并得到有效执行？"章节，要求生产和检验文件需要基于控制计划，并且是完整的；放行过的设备和工装夹具的相关数据需要在控制计划和/或生产和检验文件中注明；控制计划需要描述针对过程干扰的措施，并给予执行和记录；需要完全陈述影响产品特性的过程参数。

标准在"P6 生产过程分析"的"P6.2.3 是否在生产中对特殊特性进行了控制？"章节，要求在控制计划中标识顾客以及组织识别的特殊特性，并进行系统的监视和记录。

标准在"P6 生产过程分析"的"P6.4.3 是否能利用测量和检验设备有效监视质量要求的符合性？"章节，要求使用的测量和检验系统适用于预期目的和生产操作，并包含在控制计划中。

所以，控制计划应包括产品和过程的检测特性，需要包含影响产品特性的过程参数、特殊特性；需要陈述放行过的设备和工装夹具以及反应计划；需要明确使用的检测系统。

3.2.3 更新和升级

VDA6.3 标准在"P6 生产过程分析"的"P6.5.3 如果产品或生产过程要求不能满足，是否分析了原因，并验证了纠正措施的有效性？"章节，要求在有效导入针对问题的纠正措施后，需要评审并在必要时更新 FMEA 和控制计划。

因此，当问题得以解决，实施了相关纠正措施后，需要评审控制计划以添加必要的措施，防止问题的再次发生。虽然标准没有明确说明过程变更会触发控制计划的更新，但在"P6 生产过程分析"的"P6.1.5 是否对批量生产中的产品或生产过程变更进行了跟踪和记录？"章节，要求变更时检查 FMEA 是否需要更新。如果 FMEA 更新了，当然需要评审控制计划并在必要时更新控制计划。

3.3 《控制计划参考手册》的要求

3.3.1 文件和评审

《控制计划参考手册》（以下简称手册）在"1.1 控制计划格式"一节中，要求组织所采用的控制计划表格的内容中应至少包含手册中提供的表格内容，可以增加其他列内容。

手册在"1.5 控制计划家族"一节中，允许使用家族控制计划，也就是一个控制计划可以包含多个在应用、设计、生产、要求和规范方面相似的产品料号，但这些料号的产品必须在同一生产线生产，或者即使在多条生产线上生产，也应使用相同或相似的设备。在家族控制计划中需要列出所包含的每个产品的料号或者引用包含这些料号的文件。

在有些时候，某些过程可能用在多个生产流程中或者不同产品的生产中，这就是手册中定义的"相互依存的过程"。标准在"1.6 相互依存的过程和/或控制计划"一节中，允许为相互依存的过程制订单独的控制计划，然后在特定产品的控制计划中链接到该控制计划。很显然，这对提高控制计划的效率以及过程知识的积累是很有帮助的。

手册在"1.13 使用软件开发和管理控制计划"一节中，肯定了使用软件开发和管理控制计划的收益，例如，有助于控制计划的版本控制以及与其他文件的链接，要求组织与顾客确认对使用软件来开发和管理控制计划是否有任何要求。

手册在"1.10 黑匣子过程"一节中，承认了组织可能不愿意向顾客提供具有专有技术或者具有竞争优势的过程的控制计划，但至少应允许顾客在现场或在安全的虚拟环境中评审控制计划。

3.3.2 特性管理

手册在"1.2 特殊特性"一节中,首先定义了特殊特性是那些一旦失效便会造成安全、法律法规或者功能方面的影响,需要特殊管控的特性;然后要求所有的特殊特性必须包含在控制计划中,需要在控制计划的"特殊特性分类"这一列中注明。

特殊特性可能来源于顾客,也可能来源于组织根据内部流程的定义。来源于顾客的特殊特性可以使用顾客定义的符号或文字标识,也可以采用组织自己定义的符号或文字,如果采用后者,需要建立转化表以表明顾客和组织所定义的特殊特性符号之间的转化关系。

产品特性大部分来源于研发的成果,比如图样、DFMEA 以及特性清单,把相关的产品特性转移到控制计划中管控,可以落实产品质量。但有些组织可能不负责设计,所以可能无法随时访问 DFMEA 或者特殊特性的细节,针对这种情况,手册在"1.11 没有设计责任的组织"一节中,要求组织必须有一个过程将 DFMEA 或至少将特殊特性的细节从设计责任实体传递给组织。

前面讲了特性在研发和生产间的传递,其实,供应商对特性的管理情况对产品质量也有重要影响。手册在"1.3 传递特性"一节,首先定义了传递特性是那些在供应商的过程中产生并在组织的过程中使用,但在组织中不会改变或者验证的零件特性。然后要求组织必须识别传递特性,并在此基础上确认供应商控制的有效性,基于确认结果,决定是否还需要在组织或者顾客处采取控制措施。在试生产控制计划评审或者批准的同时或在其之前,应与顾客代表达成传递特性的控制协议。如果组织使用进货抽样检验,需要把此过程包含在控制计划中。

还有一种情况是顾客直接为组织指定了供应商,然而,这并不会免除组织控制原物料质量的责任。手册在"1.12 指定供应"一节中,要求制订组织的控制计划时,指定零部件的信息必须作为参考,决定是否还需要在组织或者顾客处采取控制方法,就像组织自己负责的采购一样。

3.3.3 特定内容要求

返工的目的在于纠正不符合要求的特性以满足原始规范的要求,而返修的目的是补救不合格的产品以实现其预期的用途。手册在"1.7 返工和返修过程"一节中,对返工和返修的控制计划分别做了要求。对返工来说，如果返工过程和原始过程一致，则返工过程控制计划和原始过程的控制计划可以合并，但必须指明返工过程的开始位置和结束位置；如果返工过程和原始过程不一致，则返工过程的控制计划和原始过程的控制计划就应该分开。对返修来说，第一，实施返修前需要得到顾客批准；第二，返修过程的控制计划和原始过程的控制计划应该分开；第三，返修后的产品应该从原来离开的位置重新进入主过程，使产品经过控制计划定义的所有后续检查。

反应计划定义了为了避免生产出不合格产品或操作失控而采取的纠正措施。手册在"1.8 反应计划详情"一节中，要求控制计划的反应计划必须指明具体的措施或者参照某份具体的文件。如果检测时，不良产品已经产生，必须清晰识别和隔离可疑和不合格产品，反应计划区域必须指定负责这些措施的人员的头衔或角色。

3.3.4　防错和目视检查验证

对重要的检测措施进行效果的验证可以减少不良逃脱的风险，因此，手册对防错措施以及依赖100%目视检查的措施提出了定期验证的要求。

手册在"1.4 防错确认"一节中，要求防错装置必须列在控制计划中，并且，控制计划要包含防错装置有效性的确认频次。确认频次的设定要能够成功遏制自上次确认以来生产的不良产品。防错确认可能会用到标准缺陷样品，需要对标准缺陷样品进行标识和维护，以防止其混入正常产品或者失去确认的作用。为了确保缺陷样品发挥应有的作用，它们代表的缺陷应该恰好在规格界限之上或者稍微超过规格界限。

如果某些过程依赖作业员100%目视检查，由于是人员操作，错误在所难免，所以在检查中会带来漏判或者错判的风险。手册在"1.9 100%目视检查"一节中，要求控制计划必须对100%目视检查进行定期验证，并且定义验证措施的负责人。手册中列举了几种验证的方法，比如，由审核员进行抽样审核，或者离线测量以验证判断的正确性。手册还要求，如果要评估的特性不能通过仪器、量具或者夹具进行测量，为了传达正确的标准，必须向作业员和审核员提供顾客批准的标准样品、限度样品或者其他书面协议，并在控制计划中引用。

第 4 章　制订控制计划

认识了控制计划、控制理论,以及顾客和行业对控制计划的要求之后,制订控制计划的条件就具备了。本章总结了制订控制计划的六个步骤,分别是策划和准备、确定过程和顺序、识别控制对象、计划控制方法、计划反应措施和结果文件化。

从技术和管理的角度来说,制订控制计划六步骤中的头尾两个步骤,即策划和准备、结果文件化都属于管理步骤,而中间的四个步骤,即确定过程和顺序、识别控制对象、计划控制方法和计划反应措施则是层层递进的技术分析步骤,管理步骤用以保护技术分析步骤,让控制计划制订过程既有效果,又有效率。

有效执行控制计划的方法需要遵循第 1 章讨论的控制计划逻辑,运用第 2 章介绍的控制理论,满足第 3 章揭示的顾客和行业对控制计划的要求,按照本章介绍的六个步骤按顺序进行。完成这六个步骤的输出是控制计划表格内容的填写,本书采用的表格基于 AIAG 出版的《控制计划参考手册》第一版。

4.1　策划和准备

当有新过程、过程变更、问题解决或者到达设定的时间间隔这些触发条件时,就应该启动控制计划过程,制订或更新控制计划,以控制产品和过程特性,从而满足产品质量和过程质量要求。为了让控制计划制订工作进行得有条不紊并实现相关方的要求,需要在正式的控制计划会议之前执行策划和准备步骤。

在策划和准备步骤中,需要在正式会议前策划和邀请制订控制计划的团队,需要收集包含产品和过程需求的各种资料以及经验教训等,并在此基础上完成控制计划的表头部分。

4.1.1 建设团队

IATF 16949《汽车行业质量管理体系标准》要求采用多功能小组的方法制订控制计划。多功能小组可以弥补个人知识经验的不足,减少在产品和过程控制策划方面的漏失和错误。在制订控制计划这件严肃的事情上采用团队方法无疑是对顾客和组织负责任的一种体现。

控制计划团队的组成可分为核心团队和扩展团队。核心团队一般始终需要参加控制计划会议,是控制计划信息的主要输入者,扩展团队则按照需要参加会议。

控制计划核心团队一般包括项目经理、过程工程师和过程质量工程师。项目经理总体负责整个项目的工作,其中当然也包括控制计划制订;过程工程师是过程的责任人,他们理解过程的意图以及实现方法,是控制计划会议过程中技术信息的主要提供者;过程质量工程师的职责是管理产品和过程的质量,在控制计划制订过程中,他们关注产品和过程特性识别的完整性、评价/测量技术的能力、抽样频次和样本量选择的合理性、反应措施的可靠性、防止发生过的类似问题再发生等。

设计工程师和设计质量工程师是控制计划的扩展团队成员,当控制计划核心团队对需要控制的产品特性产生疑问时,可以邀请他们澄清产品特性与产品功能的因果关系以及这些特性的规范设定。其他团队成员,比如测试工程师、技术专家、领班、线长、作业员等可以按照需要邀请。

团队工作需要有人引导才能使效果和效率最大化,这个工作一般由主持人(或者叫引导者)担当。建议在控制计划会议中设置主持人,主持人应该是中立者,他在此项目中一般不应承担技术或管理职责,否则他就可能因为自身的暂时利益而有所偏向。因此,应推荐邀请团队之外对控制计划方法比较熟悉的人员担任主持人。整个团队在主持人的带领下,通过主持人的提问和团队成员的回答以及讨论展开控制计划制订工作。

4.1.2 收集资料

控制计划的重要特点在于围绕产品特性或者过程特性策划和描述控制方法。所有的这些特性和控制方法肯定不是在制订控制计划时才产生的，事实上，在制订控制计划时，产品设计和过程设计都已经开始了，部分设计甚至已经结束。设计过程产生了很多宝贵的输出资料，比如，产品设计的输出有 DFMEA、图样、产品规范文件、产品特性清单等；过程设计的输出有 PFMEA、过程规范文件、过程特性清单等。这些产品设计和过程设计的输出资料包含了产品和过程特性相关的内容，满足这些特性对产品的功能、性能、可靠性以及外观至关重要，所以，需要考虑将相关特性转移到控制计划中进行控制。

可以从 DFMEA 的失效模式或失效原因中找出产品特性；从 PFMEA 的失效模式中得到产品特性，从失效原因中得到过程特性；从产品图样、产品与过程规范文件、产品特性清单中得到产品特性；从过程规范文件以及过程特性清单中得到过程特性。

之前生产阶段的控制计划也是制订本阶段控制计划的重要参考。比如，生产控制计划可以参考原型样件控制计划和试生产控制计划。在原型样件及试生产控制计划中的产品以及过程特性如果需要持续监控，就需要转移到生产控制计划中；原型样件及试生产控制计划中的控制方法也可以在理解了过程特点之后用以借鉴和更新。

参考之前阶段的控制计划可以减少特性识别的遗漏，并能利用之前生产阶段的经验教训。当然，这并不意味着原型样件以及试生产控制计划的内容大于或等于生产控制计划。其实，在参照之前的控制计划时，需要根据本阶段生产的特点新增、减少以及更新控制内容。

此外，相似产品或者过程的控制计划也是制订本控制计划的输入。相似的产品或者过程，其控制的产品特性、过程特性以及控制方法势必与本产品或者过程的控制方法类似，因此，其控制计划也会类似。收集和利用相似产品或者过程的控制计划不仅可以减少特性的遗漏，并能利用相似产品和过程的经验教训，而且可以节省制订控制计划的时间，提高效率。

4.1.3 收集教训

一个产品或者过程发生了问题，与它们相似的产品或者过程也可能发生类似的问题，原因在于它们也可能有相似的薄弱点，而正是这些薄弱点带来了问题。问题给组织带来了损失，也带来了教训。这些教训是用成本换来的，应该善加利用，如果遗忘这些教训，相似问题将会反复发生，一次又一次地造成不必要的损失，而如果妥善利用这些教训，则可以防止相似问题的重复发生。

所以，在制订控制计划之前，需要收集相似产品或者过程发生过的问题以及解决的方法，从而把这些经验教训引入到本控制计划中，避免本产品或者过程也发生类似的问题。

经验教训的体现形式多种多样，比如问题分析和解决报告、8D 报告、问题清单、历史上顾客的反馈和抱怨等都承载了关于问题发生以及问题控制的经验教训。询问相似产品或过程的相关人员，或者查询企业的问题数据库都是获得这些经验教训的好方法。

4.1.4 填写表头

表头是控制计划的基本内容，表明控制计划文件的相关信息。控制计划表头大约由 14 项内容组成，包括控制计划类型、控制计划编号、零件编号 / 最新变更等级、零件名称 / 描述、组织 / 工厂、组织代码、关键联系人 / 电话、组织 / 工厂批准 / 日期、其他批准 / 日期、初始日期、修订日期、顾客工程批准 / 日期、顾客质量批准 / 日期、其他批准 / 日期。控制计划表头如图 4-1 所示。

控制计划					
□原型样件	□试生产	□生产	□安全投产	（如果试生产或生产控制计划中包含安全投产，请选中这两个框）	
控制计划编号		关键联系人 / 电话		日期（初始）	日期（修订）
零件编号 / 最新变更等级				顾客工程批准 / 日期（如要求）	
零件名称 / 描述		组织 / 工厂批准 / 日期		顾客质量批准 / 日期（如要求）	
组织 / 工厂	组织代码	其他批准 / 日期（如要求）		其他批准 / 日期（如要求）	

图 4-1　控制计划表头

首先，根据需要控制的生产阶段选择控制计划的类型。控制计划的类型包括原型样件控制计划、试生产控制计划、生产控制计划及安全投产控制计划四种类型。根据选择的控制计划类型在表头位置选中相应的框。

原型样件控制计划是在原型样件制造期间进行的尺寸测量以及材料和功能测试的描述，其作用是控制好原型样件生产的质量，从而为产品设计验证建立准确的基础。如果顾客有要求，需要制订原型样件控制计划来保证原型样件的质量。原型样件控制计划的制订一般由研发人员负责，以规定在原型样件生产前、生产中及生产后需要控制的项目。

如果制造原型样件的设备、工装和夹具和批量生产中的一致，仍建议把过程特性，比如工艺参数和控制也包括进原型样件控制计划，其目的是给后续阶段的控制计划的创建和改进提供输入。由于原型样件的制造数量较少，也不一定清楚其制造过程是否稳定，因此，除非测试具有破坏性，一般需对制造过程中的原物料、半成品或者成品进行100%检测。

对应于试生产阶段，试生产控制计划是在原型样件之后和批量生产之前进行的尺寸测量以及材料和功能测试的描述，其作用是发现产品设计和生产过程潜在的问题，从而在早期阶段进行纠正，为量产做好准备。因为采用了和量产一致的人员、生产设备、工装夹具、测量系统，通过试生产为量产提供知识和经验成为可能，所以，试生产控制计划不仅要包含体现产品质量的产品特性，也需要包含对过程特性的控制。由于对生产过程的认识不足，或者生产过程本身不成熟，问题的发生具有不确定性，试生产控制计划通常包含额外的产品和过程控制，直到生产过程完成确认。

当项目达到量产阶段时，需要按照要求的速率、产量和质量进行产品生产并交付顾客，此时，需要对产品和过程进行全方位的控制才能保证顾客满意并减少失效成本。在量产阶段，生产控制计划正是规划生产控制的重要工具。

生产控制计划是对控制生产零件和过程的系统进行的书面描述。在量产阶段，组织已经获得了原型样件生产以及试生产的知识和经验，随着生产数量的加大，组织获得了更多的知识和经验，并且随着生产的不断进行，问题可能浮现，这都将带来对生产控制计划持续改进的机会。

安全投产控制计划其实隶属于试生产或者生产控制计划。安全投产期间通常会增加检验项目、提高检验频次或者采用更严格的控制界限，以遏制潜在不合格的出现，待生产达到要求并稳定之后，再执行长期的控制手段。

在试生产阶段，组织可能会应顾客要求执行安全投产，而在量产开始阶段，组织一般都会主动执行安全投产。而何时结束安全投产则取决于顾客和组织的判断准则。一个典型的判断准则是开始生产后90天之内没有发生质量问题。如果发生了质量问题，安全投产计时将重新开始。

安全投产控制计划可以作为所属控制计划的附件，也可以单独形成一份文件，然后在相应控制计划中引用，或者直接定义在相应的控制计划中。如果控制计划内容包含安全投产，需要额外在表头位置选中"安全投产"框。

在"控制计划编号"空格中填写控制计划的文件号码，每个文件号码在组织中是唯一的，其作用是帮助组织在众多文件中追溯到某份具体而正确的控制计划文件。为了标准化控制计划的编号，一般来说，组织应该定义控制计划的编号规则，比如应包含部门以及产品名，以便于识别控制计划所属的部门和适用的产品。

由于PFMEA是控制计划的重要输入，为了相互参照，组织需要具备根据控制计划的文件号追溯到对应PFMEA的能力，这可以通过文件对照矩阵表、控制计划封面或附件来呈现。

文件对照矩阵表可以列出适用于本产品的过程流程图编号、PFMEA编号、控制计划编号、作业指导书编号以及维护计划编号。有了这个基础后，当创建控制计划时，就可以知道需要在哪些作业指导书或者维护计划里体现控制计划的要求；当控制计划变更时，也可以知晓需要评审哪些过程流程图、PFMEA、作业指导书以及维护计划，以决定是否需要更新这些文件。

在"零件编号/最新变更等级"中，对应"零件编号"，填写该控制计划将要控制的系统、子系统或者组件的编号，这通常是组织所生产的运用该控制计划的产品的料号。一般来说，基于组织在汽车供应链的位置，其生产的每个料号都应该有相应层次的控制计划，识别了料号，就确定了该料号适用的控制计划。当适用的产品料号比较少时，一般在控制计划中直接填入具体的产品料号，但当产品料号比较多时，空格可能填不下，很多组织选择参照某个文件，而这个文件定义了适用的所有产品料号。

另外，在产品的生命周期里，产品可能发生变更，相应的控制计划也可能因此发生变更，为了识别控制计划和产品版本的对应关系，有必要在控制计划的"最新变更等级"中标明产品在图样和规范里的最新版本。因为变更管理有自己独立的流程，因此有组织选择将"最新变更等级"直接填写成"参照物料清单（BOM）"或者"参照图样"。

在"零件名称/描述"中填写对应于前述零件编号、被该控制计划控制的产品名称。填写的产品名称应该和顾客以及组织实际使用的名称一致，以达成对于范围一致的理解。另外，有些产品的不同过程可能分属于不同部门，或者由于其他的原因，一个产品料号可能拥有几份控制计划，这时为了区分不同的控制计划，就需要额外描述该控制计划包括的过程名称。

在"组织/工厂"中填写该控制计划所属的组织名称和编制该控制计划的相应事业部、工厂和部门。组织/工厂信息显示了负责以及应用此控制计划的组织和工厂。

在"组织代码"中输入顾客要求的组织标识号，比如邓氏编码、顾客供应商代码、IATF 供应商识别码。组织代码信息保证了组织信息的精确性和可追溯性并可支持数据分析。

在"关键联系人/电话"中填入负责此控制计划的主要联系人的姓名、电话号码以及其他信息。控制计划是跨部门的多功能小组完成的，关键联系人负责维护控制计划的核心团队名单，并提供适当的联系信息，以方便及时沟通以及证明控制计划来自该小组的努力。核心团队名单可以作为控制计划的附件或者存放于其他适宜的地方。

在"组织/工厂批准/日期"中记录本组织负责该制造任务的工厂批准人员和批准日期。有些组织可能不是在纸质的或电子档的控制计划中直接批准，比如通过网络文件系统批准，这时的批准或者日期可以在其他地方体现。

在"初始日期"中输入控制计划的初始编制日期，一般是制订第一版本的日期。初始日期标明了该控制计划开始在生产现场正式起作用的日期，便于将来的追溯。

在"修订日期"中输入控制计划最新的变更日期，一般是更新最新版本的日期。修订日期标明了包含最新版变化信息的控制计划在生产现场正式起作用的日期，也便于将来的追溯。

有的时候，顾客可能要求批准控制计划，可能会要求顾客端负责工程的代表批准控制计划，以确认其中产品和工艺等的技术内容，也可能要求顾客端负责质量的代表批准控制计划，以确认其中质量控制的内容。在"顾客工程批准/日期"输入顾客端负责工程的代表批准人员以及批准日期，在"顾客质量批准/日期"中输入顾客端负责供应商质量的代表批准人员和批准日期。

在"其他批准/日期"中输入其他商定的组织内部或者外部的批准人员和日期。其他批准一般涉及控制计划影响到的部门或者顾客的决定。

另外，控制计划的维护过程必然伴随着版本更新，版本更新对应着内容变更，一般需要记录控制计划的每个版本以及变更的内容，其目的同样是方便追溯。

4.1.5 控制计划策划和准备案例

控制计划的策划和准备步骤可以分为以下四个分步骤：①建设控制计划团队；

②收集控制计划的输入资料；③收集可以借鉴的经验教训；④填写控制计划表头。

ECU（Electronic Control Unit）的中文名称为电子控制单元，它作为汽车的大脑，是现代汽车的核心部件之一。ECU 随时监视着汽车输入的数据和运行的状态，再把这些信息进行处理，然后传递给相关执行机构，执行各种预设的控制功能。

×××汽车部件有限公司正在研发一款刮水器电子控制单元，其主要作用是控制前后刮水器的电动机，从而实现清洁汽车前后风窗玻璃的目的。公司目前正处在生产过程研发阶段。

项目经理现在要执行生产控制计划，以作为生产件批准程序（PPAP）的文件之一向顾客提交，获得产品和过程的批准，并且指导批量生产的质量控制。

项目经理接受过 IATF 16949《汽车行业质量管理体系标准》和控制计划基本知识的培训，知道控制计划是由来自跨部门的多功能小组完成的。于是，项目经理邀请了专业的控制计划主持人、过程工程师和过程质量工程师参加控制计划创建启动会。

在会上，项目经理介绍了项目背景，主持人介绍了控制计划的知识。项目经理说："在大家的努力之下，我们在《FMEA 实用指南》那本手册里已经制订了刮水器电子控制单元生产的 PFMEA。接下来，我们要基于 PFMEA 中确定的风险目标，把其中定义的控制策略在控制计划中进一步展开。"

项目经理制订了控制计划时间表，从召开会议的当周开始，每周召开两次会议，计划利用十次会议完成控制计划，然后团队去生产现场基于控制计划进行现场评审，接着根据评审发现的问题修改相关文件或者改进实际的生产过程，最后将控制计划文件上传批准。

为了保证控制计划的质量，项目经理和主持人为团队分配了任务：项目经理负责收集 DFMEA、图样、产品特性清单；过程工程师负责收集 PFMEA、过程规范文件，以及可以参照的原型样件控制计划、试生产控制计划以及相似产品和过程的控制计划；质量工程师负责收集相似产品和过程的问题解决报告、8D 报告、历史上发生过的问题清单。

会议的最后，团队在主持人的带领下填写了控制计划表，识别了所生产的产品以及控制计划文件的基本信息。最终，在控制计划文件中呈现的表头如图 4-2 所示。

这里强调三点：第一，此控制计划的类型属于生产控制计划，用以指导批量生产的产品和过程控制，该生产控制计划也包含了量产初期的安全投产，因此，在表头选择了"生产"和"安全投产"这两个框；第二，控制计划需要有版本信息，这里把版本信息记录在了修订日期的后方；第三，在表头不适用的字段中，应该记录"N/A"或者填写"不适用"的文字，而不是将字段留空，否则会让人分不清是没有要求还是填写有遗漏。

控制计划				
□原型样件　　□试生产　　■生产　　■安全投产			（如果试生产或生产控制计划中包含安全投产，请选中这两个框）	
控制计划编号 CP12345		关键联系人 / 电话 李克 / 12345678910	日期（初始） ×××/××/××	日期（修订） ×××/××/×× （第1版）
零件编号 / 最新变更等级 1234567890/A			顾客工程批准 / 日期（如要求） N/A	
零件名称 / 描述 刮水器电子控制单元生产		组织 / 工厂批准 / 日期 ××× ××××/××/××	顾客质量批准 / 日期（如要求） ××× ××××/××/××	
组织 / 工厂 ×××汽车部件有限公司	组织代码 ×××	其他批准 / 日期 （如要求） N/A	其他批准 / 日期（如要求） N/A	

图 4-2　控制计划表头案例

4.2　确定过程和顺序

完成策划和准备步骤之后，创建控制计划就有了内容上的依据以及资源上的保证，制订控制计划就有了一个良好的开端，接下来可以正式进入制订控制计划的技术分析步骤。

在确定过程和顺序这一步，控制计划团队需要确定需要分析的过程和顺序，并获取制造资源的初始状态，为接下来识别控制对象和针对产品和过程的风险制订具体的控制方法和反应措施提供基础。

在确定过程和顺序的步骤中，首先要准备过程流程图，然后基于过程流程图定义每个过程及其工作元素的功能和要求，接下来确定每个过程的制造资源并保证它们的初始能力。

4.2.1 准备流程图

过程流程图的作用是帮助人们识别和展示一个流程中的每一个过程及其顺序，进而确定过程分析对象以减少过程分析遗漏，判断过程的性质以降低过程执行中的浪费。

在准备过程流程图时，首先从原物料开始，以物料流动为顺序，用文字识别产品经过的每一个组装及检测过程，然后在这些过程的中间和末尾穿插必要的运输和存储类过程。

过程的命名要能总结过程的目的和内容，需要和PFMEA以及作业文件一致，也要和现场的实际名称和编号一致。然后，基于过程名称和内容，识别过程的性质，将不同性质的过程用不同的图形来表示，这样就为记录过程性质、识别浪费进而消除浪费建立了基础。

于是，随着过程的流动，产品从原物料开始经过一个个过程逐渐形成成品。由于其中的每一个过程都会受到若干因素的影响，所以，需要控制这些过程才能既保证产品的质量，又使失效成本最低。

这里强调一下在制订过程流程图时经常犯的三个错误。如果犯了这些错误，要么会导致分析了不需要的范围或者该分析的过程没有分析，要么会对控制计划中产品特性和过程特性的识别和控制产生阻碍。

首先，只有被生产团队执行或者控制的过程才会被放到过程流程图中，比如，如果原物料的生产过程是供应商负责的，那么就不应该放在组织自己的过程流程图中，否则就混淆了职责。

然后，识别过程不要有遗漏。要围绕产品的结构仔细地识别需要的过程，如果识别过程出现了遗漏，那控制计划就不会分析对应的产品和过程控制，不良产品就会产生进而流入顾客端。

最后，过程流程图中的每个过程不宜定义得太过琐碎或者太过庞大笼统。如果太过琐碎，所谓的过程其实是步骤，步骤里可能不会产生产品特性，甚至会割裂或使人忽略过程的输入和输出的关系；如果太过庞大笼统，一个过程包括了很多制造功能，比如几道组装工序包含在一个过程里，那么就可能遗漏分析其中的某些制造功能。即使没有分析遗漏，这几道制造工序的产品特性和过程特性包括在一个大过程里，会增加控制的复杂程度，降低控制效果。

4.2.2 定义过程

在定义过程中,我们要了解过程要做什么、如何去做以及对它们的要求。用 FMEA 中的术语来解释就是定义过程以及工作元素的功能和要求。功能总结了研究对象需要做的事情;要求限制了功能的范围,界定了什么是正确的功能。对功能的描述应该着眼于动作,这样可以使人立刻清晰地理解功能要做什么。所以,描述一个功能需要以动词开头,后面跟着表示受动对象的名词,接下来还要说明对功能的要求。

在描述过程的功能时,要着眼于过程的任务、目的或输出,而不是一个个步骤。比如,"注入胶水"过程的功能是"根据组装图样×××的要求,往产品中注入要求量的胶水",此功能描述基于过程的结果或者输出,其中,"注入"是动词,"胶水"是名词,"根据组装图样×××的要求"和"要求量"是要求,这样的描述清楚地说明了过程的任务和评价准则。

对过程功能和要求的识别对应着将来对产品特性的识别,比如,在"注入胶水"过程,根据过程功能"根据组装图样×××的要求,往产品中注入要求量的胶水",可以得出产品特性和胶水量有关,比如"胶水高度"。

分析一个过程包括分析过程本身以及所涉及的工作元素,工作元素是执行或者影响这些过程的因素,一般分为人、机、料、法、环。并不是每次都要分析所有工作元素的功能,而是要基于该工作元素对过程结果的影响大小来判断,对那些影响细微的工作元素可以不分析。

识别人员的功能时,要着眼于人员可能影响产品质量的动作。一般来说,需要包含换型、安装、设置、预处理、放置物料、组装、拿出物料、维护修理、异常处理等动作。比如,在"注入胶水"过程,人员的功能可能是"作业员更换和安装正确的夹具""作业员按照要求的方向将产品放置到夹具上",这些都是影响产品质量的人员动作,功能描述中包含了主谓宾以及要求。

识别机器(包括工装夹具)的功能时,一般要识别机器影响产品质量的动作,比如运输、定位、夹紧和加工等动作。对于在静止中产生的功能,比如支撑和定位产品,一般要表达实现何种作用。

工作元素的功能和要求对应着将来对过程特性的识别。比如,在"注入胶水"过程中,机器的功能可能是"注胶头以要求的运动速度往产品中注入规定量的胶水",

这是影响产品质量的机器动作或者功能，该功能描述中包含了主谓宾以及要求。根据此功能描述可以得出，该过程特性可能是"注胶头运动速度"。

定义过程时推荐以书面形式记录下对过程及工作元素的功能和要求定义的结果，或者将其整合到 PFMEA 的结构和功能分析中，至少也应该在填写控制计划表格时口头陈述过程以及工作元素的功能以及要求。

4.2.3 确定制造资源

制造产品离不开制造资源，典型的制造资源包括人员以及机器设备、工装夹具。制造资源的制造能力对产品的质量有重要影响，所以，需要在定义过程之后确定实现过程功能的制造资源并保证其能力。

现在制造工厂的趋势是机器设备和工装夹具运用越来越普遍，智能化时代的到来更加强了这种趋势。虽然机器设备似乎更能提高生产效率并带来稳定的质量，但机器设备并不会完全取代人员，有些过程还需要人员主导。即使看起来是自动化的过程，其工装夹具和原物料的换型、工装夹具的安装、程序的设置、对机器设备和工装夹具进行维护修理、异常处理等很多工作在很多时候还是需要人员的参与。人员在保证质量稳定性方面不如机器设备，所以，ISO 9001：2015《质量管理体系 要求》要求组织在进行生产和服务提供时"采取措施防止人为错误"。

虽然机器设备和工装夹具似乎更能带来稳定的质量，但是在长期生产条件下，机器设备和工装夹具可能会出现磨损或者松动等问题，这为产品质量带来了隐患。因此，对于长时间运行的机器设备和工装夹具也需要进行控制。

需要在控制计划中识别制造使用的机器设备以及工装夹具。其第一个目的是确保该过程真正使用这些经过放行的机器设备以及工装夹具来进行生产制造，而不是使用没有经过放行的制造资源或者使用经过放行的其他资源；第二个目的是对列出的这些机器设备以及工装夹具进行控制，以保证它们持续的生产制造能力。

4.2.4 保证初始能力

在开始量产之前，过程的初始能力应该得到保证。这常常涉及对员工进行培训、训练和考核，对机器设备和工装夹具进行调试和验收。比如，在验收时检查机器设备和工装夹具的功能、性能、安全、外观、消耗等是否符合验收标准。为了量化设备或者过程满足顾客要求的能力，在批准设备和过程时，有必要试生产并取样，进行设备能力指数或者初始过程能力指数分析。

如果设备能力指数或者初始过程能力指数不小于 1.67，证明该设备或者过程有能力生产满足顾客要求的产品；如果小于 1.67，可能需要对设备或者过程做一些改进，从而使其达到能力要求。

对设备或者过程能力达到规定要求之前的生产，需要对产品做 100% 检测；而如果能力指数远大于 1.67，则表明产品和过程的表现比较安全，采取抽检的控制策略也可以是一种选择。所以，对设备或者初始过程能力的研究为接下来计划产品或者过程特性的控制提供了输入信息。

4.2.5 填写表格

在"确定过程和顺序"这一步，需要填写表 4-1 中带有阴影的三列内容。这三列由"零件/过程编号""过程名称/操作说明"以及"制造用机器/设备、夹具/工装"组成，前两列信息也存在于生产的其他策划文件中，比如过程流程图和 PFMEA 中。对同一个过程来说，在这三份文件中，这两列的信息应该是一致的，如果不一致，要么是在某份文件中遗漏或者多出了该过程，要么是命名不一致。对同一个过程的编号或者命名不一致，可能导致将来在参照不同文件时产生困难。

表 4-1　确定过程和顺序：控制计划表格填写位置

零件/过程编号	过程名称/操作说明	制造用机器/设备、夹具/工装	特性		特殊特性分类	方法					反应计划	
			编号	产品	过程		产品/过程规范/公差	评价/测量技术	抽样		控制方法	措施	责任人
									样本量	频次			

在"零件/过程编号"中列出所研究过程的编号，一般用数字串表示。不同过程的编号应该不同，过程编号来源于过程流程图，和 PFMEA 一致，其作用为在不同文件间实现对过程的快速参照，满足过程顺序的确定以及电子化处理过程信息的需要。过程编号的制定一般需要遵守组织定义的过程编号规则。

在"过程名称/操作说明"中描述所控制过程的名称。过程名称最好能表示出过程的功能，一般用动词或者名词词组表示，前者比如"注入胶水"过程，后者比如"胶水注入"过程。过程名称同样来源于过程流程图，和 PFMEA 也应该一致。过程名称为确定过程的范围以及相关方的沟通建立了基础。

在"制造用机器/设备、夹具/工装"中输入实现该过程使用到的机器/设备、夹具/工装类型。考虑到检测过程使用的设备就是测试设备，而不是通常所认为的制造设备，为了不引起误解并扩大概念的适用性，所以用了"实现"这个词。注意不要混淆"制造用机器/设备、夹具/工装"和"评价/测量技术"，前者是实现该过程使用到的机器/设备、夹具/工装，而后者是接下来控制产品特性或过程特性的测量系统或者防错装置。

4.2.6 确定过程和顺序案例

控制计划的确定过程和顺序步骤可以分为以下四个分步骤：①准备过程流程图；②定义过程；③确定制造资源；④保证初始能力。

刮水器电子控制单元的项目团队在过程设计和开发阶段，已经开发了过程流程图。他们从原物料开始，以物料流动为顺序，用文字标明产品经过的每个组装以及检测过程，然后在这些过程的中间和末尾穿插必要的运输和存储类过程。接下来，他们根据过程的不同性质，用相应的图形圈住了表示各个过程名称的文字，用圆形表示增值类过程、用菱形表示检测类过程、用粗箭头表示运输类过程、用正立的等边三角形表示存储类过程，最后用带有箭头的线段连接这些过程，表示它们之间的顺序关系。

图 4-3 摘录了他们制作的过程流程图的一部分。从流程图可以看出，刮水器电子控制单元的生产流程由编号为 100 的割板、编号为 200 的元器件组装、编号为 300 的焊接、编号为 400 的光学检测、编号为 500 的功能测试以及编号为 600 的包装等过程组成。其中，割板的目的在于把众多印制电路板组成的面板切割成一个个独立的印制电路板；接下来经过元器件组装，把元器件装入印制电路板中；然后再经过元器件焊接过程。以上三个过程都属于增值过程，用圆形表示。接下来对焊接质量进行光学检测，然后对电子控制单元整体功能进行测试。以上两个过程都属于检查或测试类过程，用菱形表示。最后是产品包装过程，仍然属于增值过程，因此用圆形表示。

绘制了刮水器电子控制单元的过程流程图之后，团队开始定义过程。以编号为

200 的焊接过程举例。在主持人的带领下，团队将焊接过程的功能定义为"用锡丝将元器件的端子焊接到印制电路板上，符合 IPC-A-610 标准的要求"，此功能的描述采用了"动词 + 名词 + 要求"的方法，其中"焊接"是动词，表明工作内容，"端子"以及"印制电路板"是名词，表明工作的对象，要求是"符合 IPC-A-610 标准"，表明工作的质量目标。

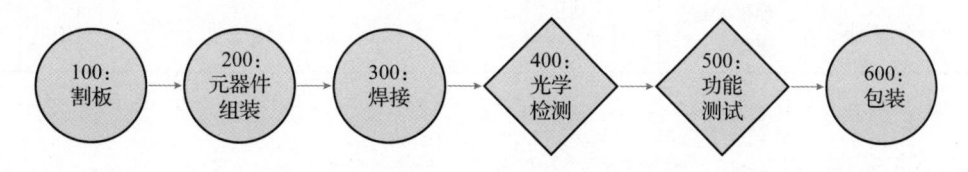

100:割板 → 200:元器件组装 → 300:焊接 → 400:光学检测 → 500:功能测试 → 600:包装

图 4-3　刮水器电子控制单元流程图

接下来，将过程基于人、机、料、法、环、测按时间顺序展开。在开始生产前，人员需要安装焊接夹具，安装锡丝；在生产过程中，人员需要把印制电路板放到焊接夹具上，焊接设备的焊头移动到焊接位置，焊头以要求的温度和时间将锡丝焊接到元器件的端子以及印制电路板的通孔之间；在整个过程中，对物料的要求是保证锡丝在有效期之内。

定义了过程之后，团队很自然地确定了焊接过程的制造资源，即操作人员、焊接设备以及焊接夹具。人员起到了换型工装夹具、安装锡丝以及放置印制电路板的作用，焊接的功能主要由焊接设备完成，焊接夹具主要起到在焊接过程中定位印制电路板的作用。

为了保证产品和过程的质量，需要在开始量产之前，对员工进行培训、训练和考核，对机器设备和工装夹具进行调试和验收。团队检查并确认了焊接设备以及焊接夹具的功能、性能、安全、外观、消耗等符合验收标准后，对设备的焊接位置做了 Cmk 分析，分析结果大于 1.67，证明设备有能力实现满足顾客要求的焊接位置。这为接下来计划产品或者过程特性的控制提供了输入信息。

在会议过程中，团队在主持人的带领下填写了控制计划相应的过程和顺序内容，其结果见表 4-2。从填入的控制计划内容可以看出，所研究的过程编号为"300"，过程名称为"焊接"，实现过程的机器/设备、夹具/工装是"焊接设备"以及"焊接夹具"。焊接过程需要使用焊接设备和焊接夹具，而焊接设备和焊接夹具需要放行和管理。

表 4-2 确定过程和顺序：填写控制计划内容

零件/过程编号	过程名称/操作说明	制造用机器/设备、夹具、工装	特性			特殊特性分类	方法					反应计划	
			编号	产品	过程		产品/过程规范/公差	评价/测量技术	抽样		控制方法	措施	责任人
									样本量	频次			
300	焊接	焊接设备 焊接夹具											

4.3 识别控制对象

在确定了需要分析的过程和顺序以及确定了制造资源之后，识别控制对象成为可能。需要控制的对象分为产品特性和过程特性两种基本类别，前者控制产品，后者控制过程。控制产品是为了满足顾客和产品的要求；控制过程是为了预防产品出现问题，降低失效成本。

在识别控制对象的步骤中，首先要识别需要控制的产品特性，然后识别需要控制的过程特性，接下来根据顾客的指定以及组织自己的流程定义，识别其中的特殊特性以进行特殊管控。

4.3.1 识别产品特性

产品特性体现在产品中，它们决定着产品的功能、性能、可靠性及外观。产品特性将会呈现给顾客并影响着顾客的使用，所以，满足产品特性的要求与顾客的满意度直接相关。

产品特性的描述采用名词短语，一般的构成形式是产品或其零部件+表示特性的词语，比如，某零部件的型号、尺寸、颜色，产品的电气参数等都是产品特性。产品特性不适合描述成动词短语，比如，把"胶水固定产品零部件"当作产品特性是不合适的，而应该进一步分解成"胶水的黏性""胶水的量"。

产品特性大部分来源于产品研发的成果，比如图样、DFMEA、产品规范以及特性清单。需要基于风险的思维，考虑把相关的产品特性转移到控制计划中进行控制，以保证生产出来的产品能满足规范的要求。

因为图样、产品规范以及特性清单已经直接描述了产品特性，所以一般可以从这些文件中直接获取产品特性。而从 DFMEA 中获取产品特性往往需要经过一些转化，一般的方法是把 DFMEA 中在生产阶段也可能发生的问题转化为产品特性，进而把这些产品特性转移到控制计划中进行控制。

比如，表 4-3 DFMEA 的分析结果表明了以下因果关系：胶水量的设计不足导致胶水固定零部件的能力不足，继而导致产品不能承受规范中定义范围内的振动。纵观整个因果关系，在产品设计过程中，设计不足会导致产品特性问题，即胶水量不足，而胶水量在生产过程中也可能发生问题，比如，注胶头运动速度过快可能会导致胶水量偏少。因此，需要把 DFMEA 中的胶水量不足转化成胶水量相关的指标，比如转化成"胶水高度"在控制计划中进行控制。

表 4-3　DFMEA 的分析结果

项目名称	项目功能	失效模式	失效影响	分类	失效原因	预防措施	探测措施	S	O	D	AP
胶水	固定零部件，满足规范中定义的振动范围要求	胶水固定零部件能力不足	产品不能承受规范中定义范围内的振动		胶水量设计不足	根据产品需要承受的振动和胶水黏度，计算得出胶水量	振动测试	8	2	4	低

过程研发的成果之一 PFMEA 也是产品特性的主要来源。一般获取产品特性的方法是首先找出 PFMEA 中包含的防错类措施或者具有检测性质的预防和探测措施，然后确定它们控制的失效对象是关于产品还是过程的，如果是关于产品的，把该失效对象（通常是失效模式）转化为产品特性放入控制计划中进行控制。

比如，表 4-4 PFMEA 的分析结果——产品特性表明了这样的因果关系，即注胶程序中，胶水量设置过少或者注胶头运动速度设置过快会导致注入胶水量过少，继而导致产品不能承受规范中定义范围内的振动。纵观所有的预防和探测措施，具有防错或者检测性质的措施有"维护计划定义了定期检查胶量和速度参数""维护计划定义了每年做机器注出胶水量的设备能力分析""开班和换型时，用天平测量机器每次注出的胶水重量""用卡尺抽样测量产品中的胶水高度"。其中，"用卡尺抽样测量产品中的胶水高度"测量的是"胶水高度"，属于产品特性，因此，需要把"胶水高度"作为产品特性放入该过程的控制计划中。

表 4-4 PFMEA 的分析结果——产品特性

编号	过程名称	过程功能	失效模式	失效影响	分类	失效原因	预防措施	探测措施	S	O	D	AP
1234	注入胶水	根据组装图样 xxx 的要求，往产品中注入要求量的胶水	胶水量少	产品不能承受规范中定义范围内的振动		注胶程序中设置的胶水量偏少或者注胶头运动速度设置过快	1. 过程放行时，程序设置验证 2. 程序参数设置密码保护 3. 维护计划定义了定期检查胶量和速度参数 4. 维护计划定义了每年做机器注出胶水量的设备能力分析	1. 开班和换型时，用天平测量机器每次注出的胶水重量 2. 用卡尺抽样测量产品中的胶水高度	8	2	6	中

4.3.2 识别过程特性

控制过程特性可以提前预防产品特性出现问题，有时产品特性可能并不能被检测或者不能被经济地检测，这时要保证产品特性符合要求就需要对所有相关的过程特性进行管控，这也是需要检测过程特性的原因。

过程特性常常来源于过程规范，很多组织为了实现满足要求的产品特性，在过程设计阶段就制订了过程规范书，在过程规范书中定义了影响这些产品特性的过程特性以及规范公差。在过程规范书中定义的需要检测的过程特性需要放入控制计划中进行控制。

关于过程输出和输入之间关系的知识可能来自组织已有的知识库，比如过程规范，还可能通过总结数次经验教训获得。但如果新过程没有这些规范或者需要对规范进行改进，需要进一步认识过程，这时就要用到试验设计（DOE）。

试验设计是设想对过程结果可能有显著影响的输入变量，然后对输入变量取不同数值，通过创造输入值的变化，得出该输入变化是否显著影响输出以及输入处于何值可以让输出更优的结果。在 DOE 中，称过程的输出为响应变量，称影响这些响应变量的输入为因子。对于控制计划来说，响应变量对应产品特性，因子对应过程特性，因此，DOE 为选择过程特性以及确定它们的数值范围提供了输入。

过程研发的成果之一 PFMEA 也是过程特性的主要来源。过程特性获取方法与产品特性获取方法相同。

比如，表 4-5 PFMEA 的分析结果——过程特性表明了这样的因果关系，即注胶程序中，胶水量设置过少或者注胶头运动速度设置过快会导致注入胶水量过少，继而导致产品不能承受规范中定义范围内的振动。纵观所有的预防和探测措施，具有防错或者具有检测性质的措施有"维护计划定义了定期检查胶量和速度参数""维护计划定义了每年做机器注出胶水量的设备能力分析""开班和换型时，用天平测量机器每次注出的胶水重量""用卡尺抽样测量产品中的胶水高度"。其中，"维护计划定义了定期检查胶量和速度参数"检查的是"胶水量设置"和"注胶头运动速度设置"；"维护计划定义了每年做机器注出胶水量的设备能力分析"检查的是"机器注出胶水量的设备能力"；"开班和换型时，用天平测量机器每次注出的胶水重量"测量的是"机器每次注出的胶水量"。这些特性都是过程特性，需要把它们作为过程特性放入该过程的控制计划中。

表 4-5 PFMEA 的分析结果——过程特性

编号	过程名称	过程功能	失效模式	失效影响	分类	失效原因	预防措施	探测措施	S	O	D	AP
1234	注入胶水	根据组装图样 xxx 的要求，往产品中注入要求量的胶水	胶水量少	产品不能承受规范中定义范围内的振动		注胶程序中设置的胶水量偏少或者注胶头运动速度设置过快	1. 过程放行时，程序设置验证 2. 程序参数设置密码保护 3. 维护计划定义了定期检查胶量和速度参数 4. 维护计划定义了每年做机器注出胶水量的设备能力分析	1. 开班和换型时，用天平测量机器每次注出的胶水重量 2. 用卡尺抽样测量产品中的胶水高度	8	2	6	中

4.3.3 识别特殊特性

特殊特性是那些一旦失效便会产生安全、法律法规或者功能影响，需要特殊管控的特性。

特殊特性可能来源于顾客，也可能来源于组织根据内部流程识别的结果。很多组织会把识别出来的特殊特性放入特性清单文件中，特性清单也是产品或者过程研发的输出文件之一。

特殊特性需要在图样、PFMEA、控制计划、作业指导书中予以标识。因此，在控制计划中标识特殊特性时，需要参考特性清单、图样和PFMEA。之所以需要标识这些特殊特性，就是为了让大家关注这些特性，并在过程中对它们进行特殊管控。所以，如果存在特殊特性，但没有在控制计划中进行标识，甚至在实际生产中没有进行管控，那将会导致比较严重的问题。

4.3.4 填写表格

在"识别控制对象"这一步，需要填写表4-6中带有阴影的四列内容。这四列由"特性编号""产品特性""过程特性"以及"特殊特性分类"组成。需要注意的是，产品特性和过程特性之间以及不同的特性之间需要分行列出，因为接下来的规范/公差、控制方法以及反应措施都可能不同。

在"特性编号"中填写特性的参照编号。这些编号一般来源于图样、产品或者过程规范、特性清单，相同特性在不同的文件中的编号应该一致以保证追溯性。特性编号的作用是帮助人员从相关文件中快速寻找到该特性的定义以及检查特性的识别是否完整。

在"产品特性"中填入需要控制的零部件或产品的特性或者属性。所有的特殊特性都必须包含在控制计划中。为了减少产品特性的遗漏，除参照FMEA和图样外，也可以按照生产阶段来识别产品特性：生产前需要确认的原物料型号和属性、首件确认的产品内容都是本过程需要控制的产品特性；生产中需要检测的产品内容是本过程需要控制的产品特性；生产后需要检测的生产完成后的产品内容是本过程需要控制的产品特性；如果本过程生产中的产品特性在后续过程需要被检测，则它们是后续过程需要控制的产品特性；长期生产时定期对产品进行全尺寸检验以及功能性验证的内容也是产品特性，这些特性可能放在本过程，也可能放在控制计划独立的过程中，比如"全尺寸检验和功能性试验"过程。

需要注意的是，依赖100%目视检查的验证以及对产品的定期验证可能被忽略，从而使其未被放到控制计划中。表4-7罗列了这些验证的案例。其中，领班每2h抽取经过目视检查的10件产品，检查胶水外观是否合格。如果在检查过的产品中发现了不合格，则代表作业员发生了漏检，需要对本批次产品重新检查，并需要重新培训该作业员；工程师需要每年抽取1件产品测试胶水黏结力，如果发现了不合格，代表产品特性的分布发生了偏移，需要分析原因及风险并采取纠正措施。

表 4-6　识别控制对象：控制计划表格填写位置

零件/过程编号	过程名称/操作说明	制造用机器/设备、夹具/工装	特性		特殊特性分类	方法				反应计划	
			编号	产品	过程	产品/过程规范/公差	评价/测量技术	抽样		控制方法	措施	责任人
								样本量	频次			

表 4-7　验证——100% 目视检查和产品

零件/过程编号	过程名称操作说明	制造用机器、夹具/工装	特性		特殊特性分类	方法				反应计划	
			编号	产品	过程	产品/过程规范/公差	评价/测量技术	抽样		控制方法	措施	责任人
								样本量	频次			
1234	注入胶水	注胶机、注胶夹具		目视检查的验证：胶水外观			参见图样xyz以及失效目录	目视	经过目视检查的10件产品	每2h	检验指导书zzz	将本批次产品重新检查、重新培训该作业员	领班
				胶水黏结力			参见功能性试验标准abc	黏结力测试仪	1件	每年	功能性试验报告	分析原因和纠正	工程师

在"过程特性"中输入需要控制的过程变量（输入变量）。为了减少过程特性的遗漏，除参照 PFMEA 外，也可以按照生产阶段来识别过程特性：生产前需要检查的工装夹具、程序、设置等是本过程需要控制的过程特性；生产中需要检测的机器设备的动作以及工装夹具的状态是本过程需要控制的过程特性；长期生产时定期分析机器设备能力或者过程能力、定期检测机器设备的动作，以及定期检查重要并且较容易产生变差的工装夹具的状态，这些都是本过程需要控制的过程特性。

需要注意的是，对防错的确认、对测量系统生产前的验证以及对过程的定期验证可能被忽略，从而使其未被放到控制计划中。表 4-8 罗列了这些验证的案例。其中，作业员在每次开班时用卡尺测量标准样件，决定卡尺是否可用；维护员在每月用调试件检查颜色传感器控制系统是否可以自动探测和控制胶水型号；工程师每年用 50 个连续的胶水量数据做机器注出胶水量的设备能力分析。定期对测量系统进行的重复性和再现性分析不一定要放入控制计划中，因为组织一般都有独立的测量系统分析计划。

如果前述的产品特性或过程特性属于特殊特性，需要在"特殊特性分类"列中输入特殊特性的类型符号或标识。

4.3.5 识别控制对象案例

控制计划中识别控制对象步骤可以分为以下三个分步骤：①根据产品和过程研发的成果，比如图样、DFMEA、产品规范、特性清单以及 PFMEA 等文件识别产品特性；②根据过程研发的成果，比如过程规范、试验设计、PFMEA 等文件识别过程特性；③根据图样、特性清单和 PFMEA 等文件识别特殊特性。

刮水器电子控制单元的项目团队在产品设计和开发阶段，已经开发了图样和 DFMEA，在过程设计和开发阶段，基于图纸、DFMEA 和流程图开发了 PFMEA。由于 PFMEA 已经考虑了所有输入的文件，所以 PFMEA 是制订控制计划的重要输入。表 4-9 摘录了他们制作的焊接过程 PFMEA 的一部分。

需要把 PFMEA 中包含的防错类措施以及具有检测性质的预防和探测措施转化到控制计划中，如果控制的对象是产品，则是产品特性；如果控制的对象是过程，则是过程特性。

在该 PFMEA 中，防错类措施有①"焊接夹具机构设计：正确的电子控制单元放

表 4-8 验证——防错、测量系统和过程

零件/过程编号	过程名称/操作说明	制造用机器/设备/夹具/工装	特性编号	特性产品	特性过程	特殊特性分类	产品/过程规范/公差	评价/测量技术	抽样样本量	抽样频次	控制方法	反应计划措施	反应计划责任人
1234	注入胶水	注胶机，注胶夹具			卡尺验证		卡尺正确测量尺寸	测量标准样件	1次	每次开班	开班和换型记录表 zzzz，检验指导书 yyy	通知工程师	作业员
					防错确认		颜色传感器控制系统自动探测和控制胶水型号	挑战件（错误胶水）	1件	每月	维护检查表 zzz，指导书 yyy	通知工程师	维护员
					机器注出胶水量的设备能力		Cmk ≥ 1.67	注胶机以及表格软件	50件	每年	Cmk 报告	分析原因和纠正	工程师

表 4-9 焊接过程 PFMEA

编号	过程名称	过程功能	失效模式	失效影响	分类	失效原因	预防措施	探测措施	S	O	D	AP
300	焊接	用锡丝将电子元器件的端子焊接到电路板上，符合 IPC-A-610 标准的要求	桥接	工厂：挑选产品并报废不良产品 发运至工厂：挑选产品使用，不会停生产线 最终客户：刮水器控制单元不能启动刮水器电动机，从而不能刮水		员工安装了错误的焊接夹具	1. 作业指导书定义了夹具的型号 2. 焊接夹具机构设计：正确的电子控制单元放不进错误的焊接夹具中	设备阅读器自动读取夹具的代码并与系统对比，如果夹具错误，则设备停止	10	2	2	低
						焊接位号错误导致错误的焊接位置	维护计划定义了定期检查焊接位置	1. 首件确认 2. 光学检测 3. 功能测试	10	2	4	低
						运动轴磨损导致焊接头移动到错误的焊接位置	维护计划定义了定期对运动轴做 Cmk 分析	传感器自动检查焊接头是否到焊接位置，如果位置错误，则设备停止	10	2	2	低

不进错误的焊接夹具中",控制的对象是焊接夹具型号,属于过程特性;②"设备阅读器自动读取夹具的代码并与系统对比,如果夹具错误,则设备停止",控制的对象是焊接夹具型号,属于过程特性;③"传感器自动检查焊接头是否到达焊接位置,如果位置错误,则设备停止",控制的对象是焊接头移动到的工作位置,属于过程特性。

在该 PFMEA 中,对焊接过程的检测类措施有:①"维护计划定义了定期检查焊接位置参数",控制的对象是焊接位置参数,属于过程特性;②"首件确认",控制的对象是元器件引脚焊接质量,属于产品特性;③"维护计划定义了定期对运动轴做 Cmk 分析",控制的对象是运动轴停止位置的设备能力,属于过程特性。

通过 PFMEA 识别了需要在控制计划中控制的产品特性和过程特性之后,团队识别了需要验证的特性。需要进行防错确认的有:①"夹具机械防错的防错功能验证";②"设备阅读器控制夹具型号的防错确认";③"传感器控制焊接头到达位置的防错确认"。由于该过程没有依赖 100% 目视检查,没有在生产前进行测量系统验证,也没有定期的产品验证,所以这些特性不包含在该控制计划中。

团队还使用生产阶段理论,即生产前、生产中、生产后、后续生产以及长期生产来识别产品特性和过程特性,并根据各阶段的检测内容来判断特性是否有遗漏。最后按照生产阶段的顺序把控制对象写入表 4-10 中。

由于这些产品特性和过程特性没有被顾客以及组织定义为特殊特性,所以特殊特性这一列空着,没有填写任何内容。

4.4 计划控制方法

在识别了需要控制的对象,即产品特性和过程特性之后,接下来就要计划对它们的控制方法。计划控制方法的理论是基于控制回路进行的,即通过评价 / 测量技术全数或者抽样检测产品特性或者过程特性,并评价其是否超出规范公差或者控制界限,如果超出,执行反应措施以遏制失效的产品并稳定过程。

在计划控制方法的步骤中,首先要确定规范 / 公差,然后按照 PFMEA 定义的检测策略,计划检测产品特性或者过程特性所使用的评价 / 测量技术、检测的样本容量以及抽样频次,接下来再总结控制方法,最后为了保证控制的效果,需要实际验证检测和防错的有效性。

表 4-10 识别控制对象：填写控制计划内容

零件/过程编号	过程名称/操作说明	制造用机器/设备、夹具/工装	编号	特性		特殊特性分类	方法					反应计划	
				产品	过程		产品/过程规范/公差	评价/测量技术	抽样		控制方法	措施	责任人
									样本量	频次			
300	焊接	焊接设备 焊接夹具		元器件端子焊接质量									
					焊接夹具型号								
					夹具机械防错功能验证								
					设备阅读器控制夹具型号的防错确认								
					焊接位置参数								
					焊接头移动到的工作位置								
					传感器控制焊接头到达位置的防错确认								
					运动轴停止位置的设备能力								

4.4.1 确定规范/公差

规范/公差是产品或者过程特性的质量标准，有了规范/公差才能区分产品或过程合格与否，特性处在规范/公差范围之内代表产品或者过程合格，否则为不合格。

产品特性或者过程特性变量可以分为定性或者定量两种变量，定性变量是只有两种或者多种离散取值的变量，该变量描述了事物的性质、状态等，比如产品外观和夹具型号；而定量变量是可以用连续数值表示的变量，该变量描述了事物的数量、程度等，比如胶水高度和注胶头运动速度。相应地，规范/公差也有定性和定量之分。

规范/公差来源于产品或过程设计和开发的成果，比如图样、产品或者过程规范、特性清单。如果新过程没有这些规范或者需要对规范进行改进，这时就要用到试验设计（DOE）确定这些规范。

规范/公差具有传递性，它们从设计文件到执行文件传递下来。图样、产品或者过程规范、特性清单这些上层文件往往是最初定义规范/公差的地方，为了使产品或过程满足这些要求，这些规范/公差又会被执行文件（比如作业指导书或者维护指导书）引用。当然，也存在某些特性在上层文件中没有定义的情况，这时就需要过程工程师自己定义这些规范/公差。这时，执行文件则是最初定义规范/公差的地方。

4.4.2 计划评价/测量技术

控制计划是基于控制回路进行的，而控制回路需要具有反馈的性质，也就需要通过评价/测量技术全数或者抽样检测产品特性或者过程特性，评价它们是否符合规范公差或者控制界限要求。在上一步骤中已经识别了产品特性、过程特性，在这一步骤中已经确定了规范公差，现在要使用检测资源，即评价/测量技术来评价或者测量这些特性。

评价/测量技术识别了在控制过程中使用的防错装置或者测量系统。通过评价/测量技术可以确定产品特性或者过程特性当前的数值或者状态，从而可以和规范/公差进行对比。

防错装置是为预防制造出不合格产品而针对产品和制造过程设计和开发的装置。防错技术从效果上可以分为软防错以及硬防错。防错技术从性质上可以分为预防类防错及探测类防错。运用在过程控制中的预防类及探测类硬防错措施需要体现在控制计划中，从而制订防错在过程中的运用。

测量系统包括所采用的仪器或量具、标准、操作、方法、夹具、软件、人员、环境以及假设，因此，在识别评价／测量技术时，不要遗漏了系统中的组成。

产品特性或者过程特性变量可以分为定性或者定量两种变量，测量系统可以分为计数型测量系统以及计量型测量系统，使用计数型测量系统只会得到合格与不合格的结果，而使用计量型测量系统会得到产品特性或者过程特性的数值。计数型测量系统的例子有目视检查、自动光学检查、通止规等；计量型测量系统的例子有卡尺、天平、电气测试机等。

虽然使用计数型测量系统相对简单，但得到的信息较少，只有合格和不合格之分，分不清产品或者过程在多大程度上满足顾客的要求；而使用计量型测量系统会得到产品或过程特性的位置和趋势，可以分析产品或者过程满足顾客要求的程度，因此，计量型测量系统提供的信息更丰富。

用测量系统对产品或者过程特性进行评价或者测量得到的结果只是真实值的近似值，因此都会存在误差。测量误差过大的影响要么是把良品测成不良品，造成组织的生产成本过高；要么是把不良品测成良品，给顾客带来了影响，因此，需要控制测量的误差。

测量误差主要体现在准确性和精确性两方面，准确性体现在测量数据的平均值与被测特性基准值的偏差，而精确性体现在测量数据的波动大小。其中，测量系统的准确性可以再细分为偏倚和线性两方面，精确性可以再细分为重复性和再现性两方面，而稳定性既可能影响准确性，也可能影响精确性。

为了证明测量系统的准确性和精确性满足实际的使用需求，能够把测量误差控制在允许的程度，在使用测量系统对产品和过程特性进行评价或测量之前需要进行测量系统分析。

4.4.3　计划样本容量

样本容量指的是样本中包含的个体数量。从这个意义上来说，对产品或者过程进行全部检测属于抽检的一种特殊情况，此时，样本容量是所有的生产个体。

样本容量的选取取决于所使用的控制方法，这些控制方法包括全数检测、统计抽样检测或者统计过程控制，以及抽样了解产品或过程的状态。

如果使用全数检测的控制方法，样本容量就是全部或者 100%、200%，甚至更多。这时的检测可以了解所有个体的情况，只要评价/测量技术正常，检测的结果比较有可信度。

如果使用统计抽样检测或者统计过程控制的方法，由于用样本预测总体需要满足一定的置信度要求，所以需要遵守这些方法对样本数量的要求。比如，如果使用统计抽样检测，可以按照 GB/T 2828.1—2012《计数抽样检验程序 第 1 部分：按接受质量限（AQL）检索的逐批检验抽样计划》的要求决定抽取的样本量；如果使用子组的变量控制图或者计算过程能力指数 Cp/Cpk，子组样本量一般至少需要 4 件或 5 件；如果使用单值的变量控制图，样本量是 1 件；如果计算设备能力指数 Cm/Cmk，样本量一般需要连续的 50 个数据。

如果没有使用统计抽样检测或者统计过程控制的方法，只是想通过抽样对产品或过程的状态有所了解，这时选取的样本数量并没有统计抽样方案定义的那么严格，但选取的样本应该能作为产品或者过程状态的代表，比如测量典型的 1 件产品或者检查 1 次。再次提醒，如果某个过程存在平行工位，抽检的范围应涵盖这些平行工位。

通过全数检测可以了解所有个体的情况，只要评价/测量技术正常，检测的结果就比较有可信度；没有经过全数检测的抽样检测，即使评价/测量技术的判定是正确的，也不能保证所有的产品或者过程没有问题。原因在于还有产品或者过程没有经过检测，它们的状态如何并不能确定。所以，通过样本的结果推测出的全体的情况只能说有较大的可能性，但并不能百分百肯定。

全数检测相对于不是全数检测的抽样检测来说，效果显得更好，但抽样检测的效率更高，需要花费的成本更低，控制一定的抽样样本量也能保持可以接受的可信度。如果想进一步提高抽样检测的可信度，可以增加抽样检测的样本量。

4.4.4 计划抽样频次

抽样频次确定了抽样的时机。抽样频次的选择考虑了发生问题的严重程度和发生概率，以及能够采取可靠遏制措施的时机。

严重程度越高，发生的概率越大，计划的抽样频率可能就越高。特殊特性可能需要持续的 100% 检测。抽样频次的选取要能保证在下次抽检出不良时，遏制住从上一次抽检合格到现在抽检不良之间生产的所有产品，而且要能够承受这期间出现的不良产品数量导致的失效成本。如果不能遏制不良或者失效成本过高，那需要前移抽样的时机。

全数检测的频次可以写成"持续进行"或"持续的"，而抽样检测的频次可以分为事件触发、时间触发以及产量触发三种情况。事件触发出于开始或者变化会带来风险的考虑，时间触发出于产品或者过程较长时间运行后可能产生较大变异的考虑，而产量触发出于遏制不良产品程度的考虑。

典型的事件触发是在每次作业准备或者变化之后一般都需要安排对产品或者过程的检测，此时的频次可能是"每次开班后""每次换型后""每次更改参数后"；时间触发可能是"每天""每周""每月""每季度"或者"每年"；产量触发可能是"每次生产 x 件产品之后"。AIAG 出版的《控制计划参考手册》第一版推荐使用基于产量的抽样频次，因为在此基础之上能够采取可靠的遏制措施，防止不良产品流到顾客端。

4.4.5 总结控制方法

控制方法是对如何控制产品特性或过程特性的简要描述。总结控制方法就是要言简意赅地描述如何使用评价/测量技术，以定义的样本容量和抽样频次去防错或检测产品特性或者过程特性，适用时记录这些特性，最终进行判断和呈现结果的方法。虽然产品或过程有众多控制方法，但可以按照发生时间的顺序掌握它们。

首先是防错类控制，这种控制方法是运用防错装置防止某错误的发生或者发现某种错误，其呈现结果的方式往往是报警或者停止过程。预防类防错的典型应用是通过产品或者工装夹具的形状或销钉实现防错，其控制方法的典型描述之一是"夹具的机械结构防错，错误方向的产品放不进夹具"。探测类防错的典型应用是通过各种传感器或者各种信息输入设施实现防错，其控制方法的典型描述之一是"传感器自动检查夹具的位置，如果错误，机器报警并停止"。

其次是检测类控制，这种控制方法可能是人员凭借感官来检测，也可能是人员使用某种量具来检测，还可能是设备自动检测。一般来说，人们对检测效果的信任程度是自动检测大于利用量具检测，而量具检测大于感官检测。

就感官检测来说，为了让人员正确执行操作，一般会在作业指导书或者维护指导书里定义该检测，比如定义检测什么、如何判断、如何反应等内容。所以，控制方法一般包括定义了该检测的作业文件名称及其号码。描述该控制方法的一个例子是"人员目视检测产品外观，目视检测指导书×××"。在不会发生歧义的情况下，也可以只填写定义了该检测的作业文件名称及其号码。

就人员使用某种量具来检测而言，本质上还是由人员参与操作检测过程，为了让人员正确执行操作，一般会在作业指导书或者维护指导书里定义该检测，比如定义检测什么、怎么利用量具、如何判断、如何反应等内容。所以，控制方法一般也要包括定义了该检测的作业文件名称及其号码，描述该控制方法的一个例子是"用天平称机器每次注出的胶水量，检验指导书×××"。在不会发生歧义的情况下，可以只填写定义了该检测的作业文件名称及其号码。

就设备自动检测来说，检测过程往往自动进行，不需要人员参与，但设备需要把检测结果呈现出来，比如报警和停止，或者虽然设备不会报警或停止，但会把产品自动设置为不良状态，流入到后续过程，在后续过程中排除。所以，自动检测类控制方法一般填写自动设备如何呈现检测结果，比如"自动控制，设备报警和停止，自动设置产品为不良状态"。

检测了产品特性或者过程特性之后，可能需要把数据记录下来，记录数据也是一种控制方法。如果认为检测后有记录数据的必要，那就需要把承载这些记录的表单或地址作为一种控制方法放入控制计划中，比如"开班换型检查表×××""胶水高度记录表×××"。

最后，分析数据的方法可能并不是直接用数据和规范公差进行对比，而是使用特殊的方法，比如用统计学中的统计量方法来评价产品或者过程是否稳定，评价设备或者过程是否有能力满足顾客的要求，比如，控制方法为"均值–极差控制图""均值–标准差控制图""设备能力指数Cmk""过程能力指数Cpk"等等。

当然，并不是说计划控制方法时要选择所有的这些方法，而是要基于过程的性质以及风险的大小选择适合的控制方法。过程的性质一般考虑产品或者过程特性是离散的还是连续的、主要受自动设备的影响还是人员或者物料的影响等，风险的大小一般考虑产品特性或者过程特性发生变异的大小、出现显著变异的频次以及问题影响的严重程度等。

一个以人员操作为主的过程或者发生问题之后有严重影响的特性，可能更需要防错或者全数检测；对于一个以设备为主的过程，可能更需要准备的验证、参数的监控以及设备能力的验证；对于一个受物料或者环境影响的过程，可能更需要对物料或者环境状态的监控。如果选用了抽检的控制方法，为了能增强对总体情况判断的准确性，可能会使用统计过程控制，从而判断过程是否稳定以及设备或过程是否有能力满足规范公差的要求。最后，如果特性比较重要，将来有分析和追溯的需要，那就更需要记录下来。

不管选择了什么控制方法，最后都要经过 PFMEA 的批准。如果选择的控制方法经过 PFMEA 的分析发现，产品特性或过程特性发生问题的严重程度、发生概率以及探测程度对内部或者顾客的影响不能接受，那就需要变更或者追加控制方法，直到风险达到可以接受的程度为止。

需要注意的是，应该持续关注控制方法的有效性。不管是产品或者过程发生了问题，还是过程或者过程能力有了显著变化，都有评估变更控制方法的需要。

4.4.6　验证防错和检测

即使控制方法策划得再完美，如果评价/测量系统并没有能力评价/测量产品或过程特性，那还是不能实现对它们的有效控制。验证防错装置和测量系统的有效性是非常重要的。如果经过验证，发现防错装置或者测量系统的有效性不足，要么需要对它们采取措施，要么使用其他验证合格的防错装置或者测量系统。

对防错确认来说，如果可行，采用失效模拟的方法是最理想的，也就是使用实际的或者制作出来的缺陷样品或者挑战件来测试防错装置，检查防错装置是否具有要求的防错功能。为了确保缺陷样品或者挑战件发挥应有的作用，它们代表的缺陷应该恰好在规格界限之上或者稍微超过规格界限，并且这些标准缺陷样品或者挑战件也需要进行标识和维护，以防止误用并持续保持其功能。

用测量系统对产品或者过程特性进行评价或者测量得到的结果只是真实值的近似值，因此都会存在误差。为了控制测量的误差，需要在使用测量系统对产品和过程特性进行评价或测量之前进行测量系统分析。测量系统的准确性一般通过校准来确定，而精确性一般通过对测量系统的重复性和再现性分析来评估。

根据 AIAG《测量系统分析参考手册》的定义，重复性是同一个评价者使用相同测量仪器对同一零件上的同一特性进行多次测量所得到的测量变差。因此，重复性反映的是在指定的测量条件下连续测量的随机误差，是测量系统的固有变差；再现性是不同评价者使用相同的测量仪器对同一零件上的同一特性进行多次测量所得的平均值的变差。因此，再现性反映的是测量系统之间或者测量条件之间平均值的变差。

一般选用均值－极差法或者方差分析法对计量型测量系统的重复性和再现性进行研究。其中，方差分析法是优选的方法，因为它能确定操作者和零件交互作用的测量误差，而均值－极差法不包括这种误差。但方差分析法由于其复杂性，需要计算机程序的辅助，如果没有可用的计算机程序，均值－极差法可能更合适。

研究计量型测量系统的重复性和再现性的实验一般包含至少 3 个评价者，对至少由 10 个个体组成并能代表过程变差范围的样本进行测量，对每个个体至少测量 2 次。

取得测量数据后，计算测量系统的重复性和再现性波动（GRR）以及总波动（TV），然后进行占比计算，也就是 %GRR=100（GRR/TV），如果 %GRR 低于 10%，一般认为测量系统是可以接受的；如果 %GRR 在 10% ~ 30% 之间，测量系统的能力处在临界状态，应当得到顾客批准；如果 %GRR 大于 30%，测量系统被认为是不可接受的。

一般选用卡帕分析对计数型测量系统进行研究。卡帕值表征了不同比较对象在扣除随机成分之后，测量结果一致的比例。一致性的比较对象分为评价者内部测量结果的一致性、不同评价者之间测量结果的一致性、每个评价者的测量结果和标准的一致性、所有评价者的测量结果和标准的一致性。

研究计数型测量系统的卡帕实验一般包含至少由 50 个个体组成的样本，并且此样本中包含已知的失效类型。如果测量结果受人员操作或者主观判断的影响，那么此实验一般至少需要 3 个评价者，对每个个体至少测量 3 次；如果测量结果不受人员操作或者主观判断的影响，比如自动测量系统，那么对每个个体推荐测量 6 次。

取得测量数据后，分别计算评价者内部测量结果的卡帕值、不同评价者之间测量结果的卡帕值、每个评价者的测量结果和标准的卡帕值、所有评价者的测量结果和标准的卡帕值。一般来说，在这些卡帕值中最小的卡帕值如果大于或等于 0.9，认为测量系统具备能力；如果最小卡帕值在 0.7 ~ 0.9 之间，测量系统具备一定条件下的能力；如果最小卡帕值小于 0.7，测量系统被认为是没有能力的。

4.4.7 填写表格

在"计划控制方法"这一步，需要填写表 4-11 中带有阴影的五列内容。这五列由"产品/过程规范/公差""评价/测量技术""抽样样本量""抽样频次"以及"控制方法"组成。它的逻辑是使用"评价/测量技术"，以规定的"抽样样本量"和"抽样频次"，使用"控制方法"把产品或者过程特性控制在"产品/过程规范/公差"之内。

表 4-11 计划控制方法：控制计划表格填写位置

零件/过程编号	过程名称/操作说明	制造用机器/设备、夹具/工装	特性		特殊特性分类	方法				反应计划	
			编号	产品	过程		产品/过程规范/公差	评价/测量技术	抽样		控制方法	措施	责任人

在"产品/过程规范/公差"中输入产品/过程规范/公差的实际数值或者引用定义了此规范或公差的文件名称以及号码。填写实际数值可以直观地看到产品或者过程特性的规范或公差，便于直接了解产品或者过程特性取值的正确范围。因此，一般推荐在"产品/过程规范/公差"中直接填写具体数值，比如（10±0.1）mm、程序×××、夹具×××。但如果控制计划涵盖的不同产品有不同的规范和公差，很多人会选择引用定义了这些规范或公差的文件名称，为了保证追溯性，需要同时附上这些文件的号码。在选择参考的文件时，为了保证规范或公差的正确性，常常需要追溯这些要求的来源，因此一般优先引用图样、产品或者过程规范、特性清单这些源头文件，比如"参见图样""参见物料清单""参见过程规范×××"等。只有当上层文件没有定义这些规范或公差时，才会选择引用执行文件，比如作业指导书、维护指导书，比如"参见作业指导书×××""参见维护指导书×××"。

在"评价/测量技术"中输入评价/测量对应产品或过程特性的防错装置或者测量系统。防错装置比如"产品机构设计""夹具定位销设计""视觉传感器控制系统"。测量系统比如"卡尺""万用表""电气功能测试设备"。在输入测量系统时，不要遗漏了系统中的组成部分，比如，如果评价测量技术需要测试机和好坏标准件一起参与，那就要填写类似"测试机+好坏标准件"之类的描述，以正确识别和控制测量系统的范围。也不要混淆"评价/测量技术"和"制造用机器/设备、夹具/工装"，前者是防错装置或者测量系统，而后者是实现该过程使用到的机器/设备、夹具/工装类型，一般只有在检测过程中，两者才可能一致。

在"抽样样本量"中输入检测产品特性或过程特性的样本量，比如全部、100%或者其他数字。如果使用统计抽样或者统计过程控制的方法，样本量的选择需要符合这些方法的要求，比如"5件产品""50件产品"；如果没有使用统计方法，选取的样本要能作为产品或者过程状态的代表，比如测量"1件产品"或者检查"1次"。如果某个过程存在平行工位，抽检的范围应涵盖这些平行工位，比如"每个夹具上2个穴位"；如果想更可靠地监视或者探测特性的不良，一般会选择全数检测，特别是针对严重程度较高的特性。

在"抽样频次"中输入检测的时机。检测的时机可以分为事件触发、时间触发以及产量触发三种。

在"控制方法"中输入如何控制产品特性或者过程特性的简单描述。需要基于过程的性质以及风险的大小选择适合的控制方法，应和PFMEA保持一致。

对于防错类控制，填写控制方法的格式是防错方式+防错效果，比如"夹具的机械结构防错，错误方向的产品放不进夹具""传感器自动检查夹具的位置，如果错误，机器报警并停止"，在不会产生歧义的情况下，也可以只标明控制方法是防错控制。

对于涉及人员的检测类控制，不管是运用人员的感官还是量具，填写控制方法的格式是检测方式+文件的名称和编号，比如"人员目检产品外观，目检指导书×××""用天平称机器每次注出的胶水量，检验指导书×××"，在不会产生歧义的情况下，也可以只填写定义该检测的文件名称和号码。

对于自动检测类控制，填写控制方法的格式是检测方式+检测结果呈现方式，比如"自动控制，设备报警和停止，自动设置产品为不良状态""测试设备自动测试产品，如果不良，系统自动设置产品为不良状态"，在不会产生歧义的情况下，也可以只填写检测结果呈现方式。

对于记录类控制，填写控制方法的格式是记录方式+记录的名称和编号，比如"人工记录在开班换型检查表×××中""人工记录在胶水高度记录表×××中""自动记录在生产执行系统中"，在不会产生歧义的情况下，也可以只填写记录的名称和编号。

对于统计方法类控制，填写控制方法的格式是统计方法的名称，比如"均值 – 极差控制图""均值 – 标准差控制图""单值 – 移动极差控制图""设备能力指数 Cmk""过程能力指数 Cpk"。

4.4.8 计划控制方法案例

对产品特性"元器件端子焊接质量"，定义了该规范 / 公差的源头文件是 IPC-A-610，所以，团队在"产品 / 过程规范 / 公差"中填入"符合 IPC-A-610 标准的要求"。针对以设备为主的过程，为了提前发现产品的不良，团队决定在开班或换型时，目视检查 1 件产品，检查产品的焊接质量是否符合要求。检查 1 件产品是因为团队认为 1 件产品可以代表此刻的焊接质量，选择开班和换型时检查是因为开班和换型时过程常常会发生变化，需要对作业准备进行验证。对作业准备的验证在这里是通过首件检查实现的，为了确保员工执行该措施并方便将来追溯，员工需要把检查结果记录在开班和换型检查表 xxx 中，最后，为了规范人员的检查动作，制订了作业指导书 yyy。

对过程特性"焊接夹具型号"，定义了该规范 / 公差的源头文件是夹具清单 aaa，所以，团队在"产品 / 过程规范 / 公差"中填入"参见夹具清单 aaa"。工程师在设计夹具时，考虑了夹持机构上的防错设计，即正确的电子控制单元放不进错误的焊接夹具中，很显然，每放一次产品，防错功能就发挥一次作用，因此，"样本量"是"100%"，"频次"是"持续进行"；工程师不仅为夹具设计了机构防错，还准备用阅读器控制系统自动读取和判断夹具的型号正确与否，如果型号错误，设备报警和停止。从以上两个措施可以看出，团队对焊接夹具的型号非常重视。

前面提到了两种防错控制，按照 IATF 16949《汽车行业质量管理体系标准》的要求，需要在控制计划中定义防错的确认，因此，接下来的过程特性分别是"夹具机械防错的防错功能确认"和"设备阅读器控制夹具型号的防错确认"。

"夹具机械防错的防错功能确认"的规范 / 公差是"正确的电子控制单元放不进错误的焊接夹具中"。团队准备用不对应的焊接夹具和电子控制单元检查夹具是否拥有防错的功能，基于夹具变异的性质，团队计划每月确认一次夹具的机构防错功能，并且把结果记录在维护计划 zzz 中。

"设备阅读器控制夹具型号的防错确认"的规范/公差是"设备阅读器系统的控制功能：如果夹具错误，设备停止"。团队准备用设备阅读器系统读取错误的夹具来检查设备的阅读器系统是否拥有防错的功能，基于阅读器变异的性质，团队计划每月确认一次阅读器系统的防错功能，并且把结果记录在维护计划 zzz 中。

对过程特性"焊接位置参数"，定义了该规范/公差的源头文件是工艺规范 bbb，所以，团队在"产品/过程规范/公差"中填入"参见工艺规范 bbb"。这是重要的过程参数，团队增加了检查频率，因此，团队计划每班目视检查一次焊接位置参数，为了确保员工执行该措施并且方便将来追溯，员工需要把结果记录在开班换型检查表 xxx 中。

对过程特性"焊接头移动到的工作位置"定义的规范/公差是正确的焊接位置，这也是影响焊接质量的重要特性，团队决定在焊接设备中配备传感器控制系统，对焊接头移动到的工作位置进行持续的 100% 自动检查，如果位置错误，则设备报警和停止。

接下来又是一个防错确认，过程特性是"传感器控制焊接头到达位置的防错确认"，规范/公差是"传感器控制系统功能：如果位置错误，设备停止"，团队准备在焊接设备中运行错误的焊接头到达位置，然后看传感器系统是否能让设备报警和停止。基于传感器系统变异的性质，团队计划每月验证一次传感器系统的防错功能，并且把结果记录在维护计划 zzz 中。

最后，团队根据焊接设备变异的性质，计划每年验证一次运动轴停止位置的设备能力，对设备能力指数的要求是大于或等于 1.67，并且定义在了维护计划 zzz 中。因此，过程特性是"运动轴停止位置的设备能力"，团队在"产品/过程规范/公差"中填入了"$Cmk \geq 1.67$"，分析设备能力需要数据，团队计划用焊接设备和千分表测量运动轴停止的位置，取连续 50 个数据，并把结果记录在维护计划 zzz 中。

团队在计划控制方法步骤完成的控制计划内容见表 4-12。整个计划步骤按照确定规范公差，按照 PFMEA 定义的检测策略，计划对应的评价/测量技术，以合理的样本容量和抽样频次运用适合的控制方法来控制产品特性或者过程特性的逻辑进行。

最后，为了保证对产品特性和过程特性的控制效果，团队验证了评价/测量技术的能力。对人员目视检查做了卡帕分析，结果为通过；对防错装置做了失效模拟验证，结果为通过；对计量型测量系统做了重复性和再现性分析，结果也为通过。

表4-12 计划控制方法：填写控制计划内容

零件/过程编号	过程名称/操作说明	制造用机器、设备、夹具/工装	特性			特殊特性分类	方法					反应计划	
			编号	产品	过程		产品/过程规范/公差	评价/测量技术	抽样		控制方法	措施	责任人
									样本量	频次			
300	焊接	焊接设备		元器件端子焊接质量	焊接夹具型号		符合 IPC-A-610 标准的要求	目视检查	1件	每次开班或换型	1.首件检查 2.开班和换型检查表 xxx 3.作业指导书 yyy		
					夹具机械防错的功能确认		正确的电子控制单元放不进错误的焊接夹具中	焊接夹持机构	100%	持续进行	防错：正确的电子控制单元放不进错误的焊接夹具中		
		焊接夹具			设备阅读器控制夹具型号的防错确认		设备阅读器系统的控制功能：如果夹具错误，则设备停止	设备阅读器控制系统	100%	持续进行	自动检查，设备报警和停止		
					焊接位置参数		参见工艺规范 bbb	不对应的焊接夹具+电子控制单元	1次	每月	维护计划 zzz		
					焊接头移动到的工作位置		焊接位置	设备阅读器系统+错误夹具	1次	每月	维护计划 zzz		
					传感器控制焊接头到达位置的防错确认		传感器控制系统功能：如果位置错误，设备停止	目视检查	1次	每班	开班和换型检查表 xxx		
					运动轴停止位置的设备能力		Cmk ≥ 1.67	传感器控制系统+焊接设备	100%	持续进行	自动检查，设备报警和停止		
								传感器系统+焊接设备	1次	每月	维护计划 zzz		
								焊接设备+千分表	50件	每年	维护计划 zzz		

4.5 计划反应措施

控制计划是基于控制回路的逻辑控制产品和过程的，使用评价/测量技术发现产品特性或者过程特性超出了规范公差或者控制界限之后，需要及时对产品以及过程采取反应措施，以遏制不良产品出现并且恢复过程到正常状态，维持产品和过程质量。

反应措施一般由最接近过程的人员负责，比如作业人员或者主管。所以，反应措施可以分为三种情况：第一种情况是对产品进行处理，其目的是遏制不良产品的出现；第二种情况是对信息进行上报，其目的是当问题的状态达到定义的条件时，向主管或者工程师上报以寻求遏制和解决问题；第三种情况是对过程进行处理，其目的是遏制不良过程的出现并使其恢复到正常过程。

第二种反应措施常常是联系第一种和第三种反应措施的桥梁。当最接近过程的员工处理不了产品或者过程问题，或者虽然对产品问题给予了反应，但不能对过程问题进行反应时，需要将信息上报以寻求解决问题。

在计划反应措施这一步骤中，需要分别计划在产品特性或者过程特性超出规范公差或者控制界限之后，对产品以及对过程采取的反应措施，并识别这些反应措施的负责人。

4.5.1 计划对产品的反应措施

对产品特性而言，如果运用评价/测量技术发现产品特性超出规范公差，需要对产品执行反应措施，以遏制不良产品的出现，防止其进一步应用以及交付到顾客端，对后续过程、顾客和用户造成不良影响。

对过程特性而言，如果在生产过程中运用评价/测量技术发现其超出规范公差，由于过程特性影响产品特性，这时产品特性可能已经出现了不良，因此，需要评价产品是否也会出现不良，如果会产生不良，也需要计划对产品执行反应措施，以遏制潜在的不良产品的出现，防止其进一步应用以及交付到顾客端，对后续过程、顾客和用户造成不良影响。

对不良产品常见的反应措施有隔离、标识、记录、挑选、返工、返修、让步或者报废，以及信息上报等。在这些措施中，是否挑选、返工、返修、让步或者报废可能需要工程师、管理层甚至顾客来决定，而其他措施一般可以直接定义给作业人员去执行。

隔离是将不良产品或者可疑产品与正常产品分开存放，以防止非预期误用或者放行这些不良或者可疑产品。标识是直接在不良产品或可疑产品上，或者在其容器或存储区域标识产品的不良或可疑状态，比如，在不良产品上划红叉。记录指在表单上记录对不良品的描述、发生的时间和地点、不良品数量等信息，需要满足物账一致的状态，防止不良或者可疑产品的非预期误用或者放行。

隔离、标识和记录了不良产品或者可疑产品之后，需要对它们进行处理，常见的处理方式有挑选、返工、返修、让步或者报废。

挑选是在可疑产品中挑选出不良产品，一般在抽检发现不良产品时使用。挑选可能用目视检查或者其他检测方式进行，挑选之后的不良产品仍然需要隔离并处理。

返工是使不良产品或服务符合要求而采取的措施，返修是使不良产品或服务满足预期用途而采取的措施。由于返工还是满足了产品或服务的要求，所以，如果顾客要求，需要在返工之前得到顾客批准；而返修可能不能满足原先的产品或服务要求，所以，在返修之前都需要得到顾客批准。

让步是对使用或者交付不良产品的许可。因为不能满足原先的产品或服务要求，让步必须得到顾客的批准，并且需要遵从约定的条件、时间和数量要求。

报废是将不能返工、返修或者让步的不良产品进行报废处理。在不允许让步，返工返修也不经济或者存在较高风险的情况下，很可能需要对不良产品进行报废处理。

以上对不良产品或者可疑产品的处理措施，现场作业人员不可能都有权限或者都有能力执行，因此，组织常常会建立信息上报准则，当出现了规定的状况时，现场作业人员需要通知主管或者工程师，由他们进行处理。比如，若定义了不良产品的数量上限，当不良产品的数目达到定义的上限时，需要通知工程师处理。

针对不良产品或者可疑产品的反应措施，有些可以提前决定，这时就可以在控制计划中定义出来，而有些措施不能提前决定，需要在发生具体不良时由团队评审决定。

4.5.2 计划对过程的反应措施

不管是对产品特性还是过程特性，如果运用评价/测量技术发现这些特性超出规范公差或者控制界限，都需要对过程执行反应措施，以停止不正常的过程并使其恢复到正常状态。所以，对不正常的过程常见的反应措施有停止不正常过程、上报信息以及恢复到正常过程等。

当发现产品或者过程特性超出规范公差或者控制界限的程度达到设定的限度时，

如果过程还在进行而没有停止，这时就需要停止过程，以遏制过程继续生产不良产品。常见的停止过程的方法是停机或者停止作业。

恢复到正常过程需要找到过程不正常的原因，有些能确定原因的可以直接在控制计划中指定纠正措施，比如发现过程使用的软件、程序或者工装夹具错误，作业人员就可以直接更换到正确的软件、程序或者工装夹具。而对于有些情况，作业人员并不能确定问题的原因或者没有能力或权限解决这些问题，这时就需要将信息上报，将信息通知主管或者工程师，由他们解决这些问题。

解决问题需要确定问题的原因，然后针对原因采取对应的措施。虽然有些问题的原因不能提前获得，需要在发生具体问题时经过调查确定，但这些理由并不能成为在问题管理上没有更多作为的借口。有些组织会在过程策划时就列出可能发生的问题以及这些问题可能的原因，然后针对每一种原因都定义解决的方法。应用这样的提前策划问题解决方案的方法，一方面可以提高解决问题的速度；另一方面可以对解决问题的方法进行提前评估，降低解决问题过程中的风险。

4.5.3 定义责任人

不管定义的反应措施能够多么完美地遏制不良产品的出现或者将过程恢复到正常状态，但是这些措施如果没有得到有效执行，那么定义的内容不过是一句空话而已。所以，需要为反应措施指定一个责任人。

反应措施责任人负责在产品特性或者过程特性超出定义的规范公差或者控制界限时，发起定义的反应措施并确保这些措施有效执行，包括引入相关个人或部门的参与。

对于常规的反应措施，很多时候可以事先确定反应措施的责任人，比如执行这些措施的人员。常见的执行人员有生产人员或者质量人员，可以将这些责任人直接定义在控制计划中。而对于有些不太常规的措施，比如挑选、返工或返修，可能事前没有定义这些措施的执行人，这时可以在控制计划中定义负责导入这些措施的责任人，比如相关工程师、生产经理、工艺经理或者质量经理。

4.5.4 填写表格

在"定义反应计划"这一步，需要填写表 4–13 中带有阴影的两列内容。这两列由反应计划 – 措施和反应计划 – 责任人组成，其逻辑是当产品特性或者过程特性超出了定义的规范公差或者控制界限时，需要通过反应计划–措施和反应计划–责任人确保这些措施得到有效执行。

表 4–13　定义反应计划：控制计划表格填写位置

零件/过程编号	过程名称/操作说明	制造用机器/设备、夹具工装	特性		特殊特性分类	方法					反应计划	
			编号	产品	过 程	产品/过程规范/公差	评价/测量技术	抽样		控制方法	措施	责任人
								样本量	频次			

在反应计划–措施中输入为了遏制不良产品的出现，停止不正常的过程并使其恢复到正常的过程状态需要采取的纠正措施。这些措施通常由最接近过程的现场人员，比如作业员、领班、线长、主管等负责。在填写反应计划–措施时，首先检查这时是否会出现不良产品，如果可能存在不良产品，填写现场人员需要执行的隔离、标识、记录、挑选、返工、返修或者报废以及信息上报等措施；然后检查过程是否已经停止，如果过程还在继续生产不良品，填写停止过程的措施，比如"停机"或者"停止作业"等措施；然后填写现场人员需要执行的恢复过程到正常状态的措施，比如"更换到正确的软件程序""更换到正确的工装夹具""调整机器"等；如果过程问题还没有解决或者权限有限制，填写现场人员需要执行的信息上报措施，比如"通知主管""通知技术员""通知工程师"。如果选择不填写现场人员需要执行的具体措施，也可以填写定义了这些反映计划–措施的文件，比如"遵守×××作业指导书的规定"。

反应计划–责任人中指定了反应计划–措施的责任人，填写的这个责任人的信息应该能链接到特定的单一职位，而不是某个工种，比如"作业员""质量员""工艺工程师""生产经理""工艺经理"或者"质量经理"等，而不是"生产""工艺""质量"等。

4.5.5　计划反应措施案例

对于产品特性"元器件端子焊接质量"，检测时机是每次开班和换型，那时设备本来就处在停止状态，所以团队认为只需要对不良的首件产品和过程进行处理即可，不需要再停机。所以，团队定义的对不良产品的遏制措施是"把不良产品放到不良品区域"；为了便于接下来的失效分析，团队决定填写不良记录表，因此该记录措施为"填写不良记录表 xxx"；团队定义的恢复到正常过程的措施是"调整设备，直到首件合格"。所有这些措施需要作业员负责。

对于过程特性"焊接夹具型号",由于检测频次是"持续进行",所以,在生产之前就可以检测出错误的焊接夹具型号,那时设备本来就处在停止状态,所以不需要再停机。如果用焊接夹持机构这样的防错措施发现了焊接夹具错误,团队担心会刮伤产品,所以,团队定义的对不良产品的遏制措施是"检查产品外观,如果外观有刮伤,放入不良品区域"。为了便于接下来的失效分析,团队决定填写不良记录表,因此该记录措施为"填写不良记录表 xxx",团队定义的恢复到正常过程的措施是"更换到正确的焊接夹具型号";如果用设备阅读器控制系统发现了焊接夹具错误,这时产品不受影响,所以,只需要恢复到正常过程的措施,即"更换到正确的焊接夹具型号"。所有这些措施需要作业员负责。

对于"夹具机械防错的防错功能确认""设备阅读器控制夹具型号的防错确认""传感器控制焊接头到达位置的防错确认"这些防错确认,因为不同防错装置的失效涉及的风险大小不同,并且可能会涉及过程的临时变更,需要分别考虑,所以团队决定定义防错确认反应计划 yyy,因此,该处的反应措施为"遵照防错确认反应计划 yyy 执行",所有这些措施都需要工艺工程师负责。

对于过程特性"焊接位置参数",检测时机是每次开班,那时设备本来就处在停止状态,也没有开始生产,所以团队认为只需要对过程进行处理,不需要停机或者对产品进行处理,只需要把过程恢复到正常状态。团队考虑到调整参数非常重要,不能授权给作业人员,因此定义的措施是"通知工艺工程师"。所有这些措施都需要作业员负责。

对于过程特性"焊接头移动到的工作位置",检测频次是"持续进行",因此,在每件产品生产之前就可以检测出焊接头移动位置错误,这时设备会自动停机,所以团队认为只需要对过程进行处理,不需要停机以及对产品进行处理,只需要把过程恢复到正常状态。团队考虑到解决焊接头移动到错误位置这个问题比较复杂,不能授权给作业人员,因此定义的措施是"通知工艺工程师"。所有这些措施都需要作业员负责。

对于过程特性"运动轴停止位置的设备能力",因为检测时设备没有进行生产,并且对产品和过程的控制能力正常,所以团队认为只需要对过程进行处理,不需要停机以及对产品进行处理,只需要把过程恢复到正常状态。团队考虑到对运动轴停止位置做设备能力分析以及解决运动轴停止位置的设备能力不足问题这两项任务都比较复杂,不能授权给作业人员,因此定义的措施是"停止该设备使用,分析和解决问题"。所有这些措施都需要工艺工程师负责。

团队在定义反应计划步骤完成的控制计划内容见表 4-14。整个步骤围绕着及时对

表 4-14 定义反应计划：填写控制计划内容

零件/过程编号	过程名称/操作说明	制造用机器/设备/夹具/工装	特性		特殊特性分类	产品/过程规范/公差	方法				反应计划	
			编号	产品 过程			评价/测量技术	抽样		控制方法	措施	责任人
								样本量	频次			
300	焊接	焊接设备 焊接夹具		元器件端子焊接质量		符合 IPC-A-610 标准的要求	目视检查	1 件	每次开班和换型	1. 首件检查 2. 开班换型检查表 ccc 3. 作业指导书 ddd	把不良产品放到不良品区域；填写不良记录表 xxx；调整设备，直到首件合格	作业员
				焊接夹具型号		参见夹具清单 aaa	焊接夹持机构	100%	持续进行	防错：正确的电子控制单元不进错的焊接夹具中	检查产品外观，如果外观有划伤，放入不良品区域；填写不良记录表 xxxx；更换到正确的焊接夹具型号	作业员
				夹具机械防错功能的防错确认		正确的电子控制单元不放不进错误的焊接夹具中	不对应的焊接夹具 + 电子控制单元	100%	持续进行	自动检查，设备报警和停止	更换到正确的焊接夹具型号	作业员
				设备阅读器控制夹具型号的防错确认		设备阅读器的控制功能：如果夹具错误，则设备停止	设备阅读器控制系统	1 次	每月	维护计划 zzz	遵照防错确认反应计划 yyy 执行	工艺工程师
							设备阅读器系统 + 错误夹具	1 次	每月	维护计划 zzz	遵照防错确认反应计划 yyy 执行	工艺工程师

(续)

零件/过程编号	过程名称/操作说明	制造用机器、夹具/设备/工装	特性 编号	特性 产品	特性 过程	特殊特性分类	方法 产品/过程规范/公差	方法 评价/测量技术	方法 抽样 样本量	方法 抽样 频次	控制方法	反应计划 措施	反应计划 责任人
300	焊接	焊接设备 焊接夹具			焊接位置参数		参见工艺规范 bbb	目视检查	1次	每班	开班换型检查表 ccc	通知工艺工程师	作业员
					焊接头移动到的工作位置		焊接位置	传感器控制系统	100%	持续进行	自动检查,设备报警和停止	通知工艺工程师	作业员
					传感器控制焊接头到达位置的防错确认		传感器控制系统功能:如果位置错误,设备停止	传感器系统+焊接设备	1次	每月	维护计划 zzz	遵照防错确认反应计划 yyy 执行	工艺工程师
					运动轴停止位置的设备能力		$Cmk \geq 1.67$	焊接设备+千分表	50件	每年	维护计划 zzz	停止该设备使用,分析和解决问题	工艺工程师

产品以及过程进行反应，以遏制不良产品的出现以及恢复过程到正常状态，维持产品和过程质量这样的逻辑进行。

4.6 结果文件化

既然控制计划是对控制产品制造所需要的系统及过程的成文描述，那么，只有经过结果文件化的过程，控制计划才能真正得到有效执行，才能和内外部保持通畅的沟通和交流，增强顾客对质量的信心，才能为持续改进建立基础。

在结果文件化的步骤中，首先要形成控制计划文件，然后和团队根据控制计划内容，对现场进行评审，验证控制计划的执行情况，然后进行控制计划批准，生效后成为有效的控制计划文件。

4.6.1 形成控制计划文件

一份完整的控制计划一般包含控制计划封面和控制计划正文内容，有的组织在控制计划文件中还附有其他文件，比如，控制计划所包含的产品料号、控制计划对应的流程图、每个过程和产品所使用的原物料、软件程序和工装夹具的型号等。

封面是控制计划文件的总结，表明控制计划文件的相关信息。这些内容可能包含控制计划类型、控制计划编号、零件编号/最新变更等级、零件名称/描述、组织/工厂、组织代码、关键联系人/电话、组织/工厂批准/日期、其他批准/日期、初始日期、修订日期、顾客工程批准/日期、顾客质量批准/日期、其他批准/日期、作为控制计划重要输入的过程流程图和 PFMEA 的编号、变更原因和变更记录等。

控制计划封面中的很多内容和控制计划表头内容相似，但作为控制计划重要输入的过程流程图和 PFMEA 的编号、变更原因和变更记录是表头没有的信息。

输入过程流程图和 PFMEA 的编号表示需要参照所识别的过程流程图和 PFMEA 制订控制计划，过程流程图提供了控制计划需要控制的过程以及过程的顺序，PFMEA 定义了当前的控制策略以及在这些控制策略之下特性超出规范公差或者控制界限的风险大小，控制计划需要展开这些控制策略。

在封面中明确变更原因和变更记录有助于识别控制计划需要变更的范围以及评审变更的内容是否正确，也有助于作业指导书、维护指导书等执行文件的更新，当将来出现质量问题时,还有助于追溯当初的变更,为定位问题的原因提高效率。

4.6.2 定义执行文件

创建了控制计划文件之后,从理论上来说,已经开启了对产品质量以及过程质量的控制,但要把理论转化为实际,则必须把控制计划中的内容转移到执行文件(比如作业指导书、维护指导书、检查表以及记录表)中,然后要求作业人员严格执行。

控制计划中的所有内容都关乎实际执行,作业指导书和维护指导书是员工作业的指导文件。员工需要根据控制计划的定义,使用要求的制造用机器/设备、夹具/工装来生产,使用定义的评价/测量技术,以要求的抽样样本量和抽样频次,检测产品特性或者过程特性,并对比规范/公差,运用控制方法,得出是否触发反应措施的结论,相关责任人要按照要求执行反应措施。

作业指导书和维护指导书用来指导员工作业,可能在需要时才会被查阅,而同样作为执行文件的检查表和记录表则一直伴随着员工的作业,因此,相对于作业指导书和维护指导书,检查表和记录表是更直接的执行文件。

检查表包括检查项目、检查标准以及检查之后的确认。记录表定义了需要记录的项目,方便数据的分析以及将来的追溯,有的记录表还融合了判断标准,可以辅助作业人员完成检查任务。检查表和记录表都是防止人员遗忘、提高执行力的有效措施之一。

当需要保证员工在一些重要检查项目中的执行力和追溯性时,可以选择使用检查表或者记录表。这时就需要决定针对何种特性的检测需要放进检查表或者记录表中,然后再根据需要,加入控制计划中定义的其他信息,比如抽样样本量和抽样频次、规范/公差及反应措施。

为了增强作业指导书、维护指导书、检查表及记录表的可执行性,这些文件应该用作业人员能够理解的语言表述,清晰易读,并传达给他们,让他们能够理解。这些执行文件还应该易于在指定的工作区域获得,方便作业人员查阅和填写。

4.6.3 现场评审

控制计划继承了过程流程图和 PFMEA 的信息,同样地,控制计划中的内容也需要传递到作业指导书、维护指导书等执行文件中。否则，计划和执行就会脱节，就算控制计划做得再完美，但在实际过程中并没有执行这些控制或执行不到位，过程或产品中的变异仍会导致问题的发生。

现场评审是在控制计划送批之前，控制计划团队去生产现场评审验证控制计划中定义的信息是否已经在现实中执行，比如，控制计划中的相关内容有没有在作业指导书或者维护指导书等执行文件中定义以及是否正确地定义；即使已经在执行文件中定义，还要验证检测装置和反应措施需要的资源是否已经存在，评价/测量技术是否已经经过校准、测量系统分析或者验证，作业人员是否有能力检测需要控制的特性以及是否能正确地执行反应措施。

现场评审发现的问题应该告知相关负责人进行纠正，如果控制计划文件有问题，可以在修改控制计划后再进行批准；如果是执行有问题，控制计划可以送批，但需要继续追踪控制计划的执行。

4.6.4 结果文件化案例

经过策划和准备、确定过程和顺序、识别控制对象、计划控制方法、计划反应措施之后，控制计划表格已经完成，现在要做的是使控制计划形成有效的文件。

为此，团队为控制计划创建了封面，还把该控制计划所包含的产品料号以及每个过程使用的软件程序和工装夹具型号等信息作为控制计划的附件。控制计划封面、控制计划表格和附件信息合并在一起，形成了一份完整的控制计划文件。

控制计划封面的案例见表4-15。该封面中，很多信息和表头的信息相同，但还额外识别了作为控制计划信息输入的过程流程图以及PFMEA号码，引用了控制计划的附件，记录了控制计划批准和变更的信息。

接下来，团队成员根据PFMEA和控制计划的内容定义了执行文件，比如作业指导书、维护指导书以及开班换型检查表。在控制计划批准前，为了验证控制计划的执行，控制计划团队去生产现场对照表4-16的控制计划内容，做了现场评审，并及时整改评审中发现的问题，以保证正式生产时产品和过程受控，生产出质量符合要求的产品。

针对产品特性"元器件端子焊接质量"，控制计划定义的是每次开班和换型目视检查，控制方法是"1.首件检查；2.开班换型检查表 ccc；3.作业指导书 ddd"，反应

表 4-15 控制计划封面案例

控制计划封面		
控制计划编号 CP12345	关键联系人/电话 李克/12345678910	日期（初始） ×××/××/××
零件编号/最新变更等级 1234567890/A		日期（修订） ×××/××/××（第1版）
零件名称/描述 刮水器电子控制单元生产	组织/工厂 ×××汽车部件有限公司	组织代码 ×××
过程流程图 PF×××	PFMEA PFM×××	适用阶段生产
附件 1.适用的产品料号；2.软件程序和工装夹具矩阵表		
批准：		
部门	姓名	日期	签字
×××	×××	××××/××/××	×××
变更历史：		
版本	日期	变更记录
1	××××/××/××	新建

措施是"把不良产品放到不良品区域；填写不良记录表xxx；调整设备，直到首件合格"。团队检查了开班换型检查表ccc是否已经定义了该检查项，作业指导书ddd是否已经定义了检查方法、判断标准以及不合格品的处理方法。团队检查后发现，虽然作业指导书已经定义了该项检查，但开班换型检查表并没有包括该检查项。此外，团队还检查了作业员的资质，确认作业员经过了培训并通过了考核。

针对过程特性"焊接夹具型号"，控制计划定义的控制措施有两项，分别是机构防错控制以及用设备阅读器控制系统自动检查夹具型号，出现错误时设备报警和停止。团队故意使用错误的焊接夹具，放入电子控制单元，检查正确的电子控制单元是否放不进错误的焊接夹具中，检查结果令人满意，焊接夹具的机构设计有防错功能。然后团队检查设备阅读器控制系统的控制功能，故意使用错误的夹具，检查设备是否可以停止，这项检查没有通过，设备只是报警，并没有停止。

表 4-16 控制计划完整内容

零件/过程编号	过程名称/操作说明	制造用机器/设备、夹具/工装	特性			特殊特性分类	方法					反应计划	
			编号	产品	过程		产品/过程规范/公差	评价/测量技术	抽样		控制方法	措施	责任人
									样本量	频次			
300	焊接	焊接设备 焊接夹具		元器件端子焊接质量			符合 IPC-A-610 标准的要求	目视检查	1 件	每次开班和换型	1. 首件检查 2. 开班换型检查表 ccc 3. 作业指导书 ddd	把不良产品放到不良品区域；填写不良记录表 xxx；调整设备，直到首件合格	作业员
					焊接夹具型号		参见夹具清单 aaa	焊接夹持机构	100%	持续进行	防错：正确的电子控制单元放不进错误的焊接夹具中	检查产品外观，如果人不良品区域，放入不良品区域，填写xxx，记录至正确的焊接夹具型号	作业员
							正确的电子控制单元不进错误的焊接夹具中	不对应的焊接夹具+电子控制单元	100%	持续进行	自动检查，设备报警和停止	更换到正确的焊接夹具型号	作业员
					夹具机械防错的防错功能确认			设备阅读器控制系统	1 次	每月	维护计划 zzz	遵照防错确认反应计划 yyy 执行	工艺工程师

（续）

零件/过程编号	过程名称/操作说明	制造用机器/设备、夹具/工装	特性 编号	特性 产品	特性 过程	特殊特性分类	方法 产品/过程规范/公差	方法 评价/测量技术	抽样 样本量	抽样 频次	控制方法	反应计划 措施	反应计划 责任人
300	焊接	焊接设备 焊接夹具			设备阅读器控制夹具型号的防错确认		设备阅读器系统的控制功能：如果夹具错误，则设备停止	设备阅读器系统+错误夹具	1次	每月	维护计划 zzz	遵照防错确认反应计划 yyy 执行	工艺工程师
					焊接位置参数		参见工艺规范 bbb	目视检查	1次	每班	开班换型检查表 ccc	通知工艺工程师	作业员
					焊接头移动到的工作位置		焊接位置	传感器控制系统	100%	持续进行	自动检查，设备报警和停止	通知工艺工程师	作业员
					传感器控制焊接头到达位置的防错确认		传感器控制系统功能：如果位置错误，则设备停止	传感器系统+焊接设备	1次	每月	维护计划 zzz	遵照防错确认反应计划 yyy 执行	工艺工程师
					运动轴停止位置的设备能力		Cmk ≥ 1.67	焊接设备+千分表	50件	每年	维护计划 zzz	停止该设备使用，分析和解决问题	工艺工程师

针对过程特性"焊接位置参数",控制计划定义的是每班目检一次,然后记录在开班换型检查表 ccc 中,团队检查发现开班换型检查表已经定义了该检查项目。

针对过程特性"焊接头移动到的工作位置",控制计划定义的是用传感器控制系统自动检查,出现错误时设备报警和停止。团队模拟了这项功能,检查设备是否停止,检查结果是设备确实停止了。模拟结束后,团队把设备恢复到原来的设置。

针对过程特性"运动轴停止位置的设备能力",控制计划定义的是每年做一次设备能力分析,并定义在维护计划 zzz 中,团队检查了该维护计划是否已经定义了此项分析,检查结果通过。

控制计划现场评审结束后,项目经理进行了总结。他说:"从这次的现场评审可以看出,我们的控制计划大部分内容得到了有效执行,但还有两处需要改善的地方。首先是开班换型检查表没有定义每次开班和换型时需要目视检查元器件端子的焊接质量,然后是设备阅读器控制系统检查到错误的夹具时,设备只是报警,不能停止。我们的控制计划没问题,接下来我会发起批准。发现的现场执行问题请工程师在产品和过程批准(PPAP)之前解决,我会发出本次现场评审的评审记录和措施清单。本次评审结束,感谢大家的参加!"

第 5 章
更新控制计划

控制计划是动态文件，应该反映生产现场的当前状态和风险大小，所以，控制计划创建完成后不可能一成不变，而应该根据生产的时机和情况动态更新，始终指导产品和过程的控制。否则，控制计划就不能有效监控产品和过程质量，这会导致不良产品流入到顾客端或者失效成本过高。

为了实现控制计划的动态更新，本章首先讲解了更新控制计划的四个时机，然后说明了典型的控制计划更新方法。借助控制计划动态地控制产品和过程质量，可以使组织内外部均能满意。

5.1 更新时机

一般来说，更新控制计划有四个时机：①出现新情况，比如导入新产品、新过程、新特性、新控制；②发生变化，比如过程变更、控制变更、文件变更；③问题解决，比如用 8D 解决了质量问题；④定期评审，比如每年评审一次控制计划。当这些时机出现时，需要评审控制计划以决定是否需要更新。

5.1.1 出现新情况

产品或者过程出现的新情况可能触发控制计划更新，因为对这些新情况也需要控制才能保证产品或者过程质量。出现的新情况包括新产品、新过程、新特性、新控制等。简单来说，控制计划表格中可能涉及的所有元素都可能出现新情况。当这些新情况发生时，需要检查当前的控制计划内容是否还能适应这些新情况，如果不能适应，就需要更新控制计划。

新产品指控制计划里增加了新的产品料号。新的产品可能具有独特的结构或者属性，可能需要增加新过程、新的产品特性或者新过程特性；或者由于新产品的重要程度、发生问题的概率以及探测的容易程度与之前产品不同，可能需要增加新的评价/测量技术、控制方法以及新的反应措施。因此，增加新产品时，需要根据新产品的要求决定控制计划中的内容是否需要新增或者更新。

新过程指控制计划里增加了新的过程，这常常是因为新产品、新的产品要求，或者为了改进产品而产生的。由于控制计划中原本没有该过程的控制内容，因此，增加新的过程时，需要为这个过程策划需要控制的产品特性和过程特性，以及控制计划中所有的其他内容。

新特性指控制计划里增加了新的产品特性或者过程特性。增加产品或过程特性可能是因为产品或过程增加了新的需求，或者为了弥补当初对需要控制的特性的认识不足。增加了新的特性之后，控制计划表格中该特性后面的所有内容都需要增加。

新控制指控制计划中增加了新的评价/测量技术或者新的控制方法及反应措施。增加新的控制常常是因为之前的控制能力不足，从而追加其他的控制手段。如果增加了新的控制，需要评审控制计划表格中该控制元素后面的内容是否需要增加或者变更。

5.1.2 发生变化

为了持续改进或者解决问题，产品或者过程在生命周期中总会发生主动的或者被动的变化。在变化执行之前，应该评审控制计划，检查是否需要更新控制计划，以适应变更后的产品或者过程，持续监控和保证产品或者过程质量。

变化涉及控制计划所有的表格元素，其中，过程编号、过程名称、制造用机器/设备、夹具/工装、产品特性、过程特性、特殊特性分类、产品/过程规范/公差、评价/测量技术、抽样样本量、抽样频次、控制方法、反应措施、反应负责人等内容都可能发生变化。当这些元素发生变化时，不仅要对控制计划中这些内容本身进行变更，而且由于连锁反应，也要评审是否需要对控制计划中其他内容进行更新。

过程编号、过程名称的变更可能是出于过程的取消、替代、重组、工作内容增减或者过程编号和名称标准化的需要。当实际过程的编号和名称发生变更时，需要对控制计划进行更新。如果因为取消、替代、重组和工作内容增减而变更过程编号和过名称，需要评审控制计划表格中该元素后面的内容是否需要变更。而如果只是单纯地变更过程编号和过程名称，控制计划中的其他内容一般不需要更新。

制造用机器/设备、夹具/工装的变更可能是实现过程的资源发生变更而引起的，比如，过程的升级换代，用机器设备代替人工操作。由于不同的过程实现资源有不同的属性，所以，对于制造用机器/设备、夹具/工装的变更，需要评审控制计划表格中该元素后面的内容是否需要变更。

产品特性、过程特性、特殊特性分类的变更可能是因为过程的实际风险发生变化，或者随着生产经验的增加，减少或者替代了需要控制的特性。特性的减少涉及对控制计划表格后面内容的删除，而替代的特性涉及对控制计划表格后面内容的更新。

产品/过程规范/公差的变更可能是因为产生问题后，收严了特定的规范/公差，或者经过后来的经验发现原先定义的规范/公差过于严格。因为规范/公差的加严或者放松，其后的控制方法和反应计划可能发生变更，所以，需要评审控制计划表格中该元素后面的内容是否需要变更。

评价/测量技术的变更可能是因为发生问题后，升级了防错或者测量系统。由于不同的评价/测量技术的评价/测量的机理、属性不同，因此，其后的控制方法和反应计划可能发生变更。比如，为了控制目视检查的行为策划了记录目视检查结果，定义了作业指导书，而升级到自动光学检查后，可能会取消该作业指导书中的相关内容，而改为自动控制。所以，对于评价/测量技术的变更，需要评审控制计划表格中该元素后面的内容是否需要变更。

抽样样本量、抽样频次、控制方法的变更很多时候是基于产品和过程实际表现的结果，这时可能加严或者放松这些控制内容，比如，产生质量问题后，需要加严控制方法。当抽样样本量、抽样频次、控制方法发生变更时，其后的反应措施可能会发生变更，比如，抽检的反应措施定义的是挑选不良产品，而变更到100%检查后，反应措施可能定义为把不良产品放到不良区域中。因此，抽样样本量、抽样频次、控制方法变更后，需要评审控制计划表格中该元素后面的内容是否需要变更。

反应措施、反应负责人发生变更常常是因为需要更可靠地处理不良的产品或者过程。比如通过评价/测量技术发现过程存在问题后，原本只定义了对过程采取措施，接下来在后续过程或者顾客端发现该过程的产品也存在问题，于是增加了对产品的反应计划。

经过上面的分析可以发现，当控制计划中涉及的元素发生变更时，不仅控制计划表格中该项内容本身需要变更，也需要评审控制计划表格中该元素后面的内容是否需要变更。

5.1.3 问题解决

虽然一份精心制作和细致执行的控制计划可以控制住大多数产品失效，但并不能控制住所有质量问题，有些问题还是可能发生。发生问题的原因可能是控制计划定义的不足或者执行的欠缺。

控制计划定义的不足可能是遗漏了需要控制的产品特性或者过程特性、评价/测量技术能力不足、抽样样本量或者频次不合理、反应计划定义的缺失等。控制计划策划了对产品和过程的监控，而问题的发生和解决也是对控制计划的反馈。通过对已发生问题的分析和解决，不仅可以优化改进过程，预防问题再次发生，还可以改善当前的控制计划，不断增强控制问题的能力。

典型的问题解决工具是 8D。8D 是通过 8 个步骤解决问题的一种工具，这 8 个步骤分别为①组建团队；②问题描述；③采取临时措施（包括遏制措施）；④根本原因分析；⑤选择和验证纠正措施；⑥执行和确认纠正措施；⑦预防问题再次发生；⑧结束问题解决过程。

当问题发生后，通过 8D 确定问题发生的因果关系和预防、探测措施，为了防止问题再次发生，需要更新控制计划，以便把这些成果纳入控制系统中完善当前的产品和过程控制。

问题解决的结果可能带来控制计划表格所有内容的变更。比如，如果控制计划遗漏了对某个过程的分析，就要添加这个过程；如果缺失了对产品特性或者过程特性的识别，就需要加入这些特性；如果评价/测量技术能力不足，就要追加或者变更评价/测量技术；如果抽样的样本数量或者频次不合理，就需要制订更为合理的样本量、抽样频次以及控制方法；如果制订的反应计划缺失，需要制订更加完善的反应措施以及责任人。

8D 报告中的第二步"问题描述"的内容可能会转化为控制计划中潜在的产品特性。潜在的产品特性是否会成为实际控制的产品特性，还需要看 8D 报告中的措施有没有对该特性进行防错或者检测。

问题描述用 5W2H[⊖]的方法详细描述了对象的偏差，比如，某 8D 报告的问题描述

[⊖] 5W2H 是一种问题分析方法、制订计划或描述过程的工具。5W 即 Why、What、Who、When、Where，2H 即 How、How much。

是"××××年××月××日，顾客×××反馈有两片胶水高度不足的×××产品"，由此可以得出潜在的产品特性是胶水高度。

8D报告中的第四步"根本原因分析"分析出来的原因可能会转化为控制计划中潜在的过程特性。潜在的过程特性是否会成为实际控制的过程特性，还需要看8D报告中的措施有没有对该特性进行防错或者检测。

根本原因分析常常采用的工具是"五个为什么"，即分别从问题的发生以及流出两个层面，不断地问为什么，直到获得问题的根本原因为止。控制住了问题的根本原因才能预防问题再次发生。"五个为什么"不一定是每次都要问五次为什么，实际可能比五次多，也可能比五次少，其核心是在得到问题的根本原因之前不停地深入探索更深层的原因。

例如，"产品胶水高度不足"发生层面的根本原因分析过程如下。为什么1：为什么产品胶水高度不足？回答1：因为机器注出的胶水量偏少。为什么2：为什么机器注出的胶水量偏少？回答2：因为机器的注胶头堵塞。为什么3：为什么机器的注胶头堵塞？回答3：因为没有对注胶头检查和清洁。为什么4：为什么没有对注胶头检查和清洁？回答4：因为没有定义对注胶头进行检查和清洁。

"产品胶水高度不足"流出层面的根本原因分析如下。为什么1：为什么没有探测出产品胶水不足？回答1：因为这两片产品没有被检查到。为什么2：为什么这两片产品没有被检查到？回答2：因为注胶头堵塞发生在本批产品的最后两片，没有被每10件产品检查1件的卡尺测量覆盖到。

8D报告中的第六步"执行和确认纠正措施"针对根本原因分析的结果，执行了纠正措施并确认了其有效性。这些纠正措施可能转化为控制措施进入控制计划。

针对"产品胶水高度不足"问题定义的措施如下：①定义每天清洁一次注胶头；②定义产品的末次检查，即除了每10件产品用卡尺测量1件产品的胶水高度外，还要检查每批产品结束生产前的两片产品的胶水高度；③导入了传感器检查注胶头中的胶水流量，胶水流量不足时，设备报警和停止。

根据以上8D报告中的问题描述、根本原因分析以及执行和确认纠正措施得知，注胶头的清洁以及注胶头中的胶水流量成为控制计划中实际控制的过程特性，而胶水高度成为控制计划中实际控制的产品特性。表5-1展示了该问题解决更新控制计划的案例。

表 5-1 问题解决更新控制计划案例

零件编号/过程编号	过程名称/操作说明	制造用机器/设备、夹具/工装	特性			特殊特性分类	产品/过程规范/公差	评价/测量技术	方法		控制方法	反应计划	
			编号	产品	过程				抽样			措施	责任人
									样本量	频次			
1234	注入胶水	注胶机、注胶夹具		胶水高度			参见图样 xyz	卡尺	1件+2件	每10件+生产批结束前	胶水高度记录表 xxx, 检验指导书 yyy	停止机器, 将不良品放到分析盒中, 通知工程师	作业员
					注胶头的清洁		注胶头无堵塞	目视检查	1件	每天	维护计划 aaa	清洁注胶头	作业员
					注胶头中的胶水流量		x L/min	流量传感器系统	100%	持续进行	自动控制, 设备报警和停止	将不良品放到分析盒中, 通知工程师	作业员

5.1.4 定期评审

IATF 16949《汽车行业质量管理体系标准》要求基于风险分析设定的频率评审控制计划。之前讨论的出现新情况、发生变化以及问题解决触发控制计划更新都是事件触发的，即在发生了这些事件之后或者在执行这些事件之前，评审和更新控制计划。但这是不够的，因为只有事件发生后才评审和更新控制计划会带来质量风险。

生产过程的实际表现是动态变化的，当表现不佳时就需要制订更为有效或者严格的控制措施，当表现一直良好时，可能可以放松过严的控制。事件触发的控制计划更新不能满足基于过程实际表现更新控制计划的需要，所以，需要基于风险的大小，制订定期评审控制计划的周期，并按照该定义执行控制计划定期评审。

比如，基于风险大小，选择每年对控制计划进行一次定期评审。评审时，查询这一年里，被内部的评价/测量系统探测出的失效中的前几名以及被外部反馈或者抱怨的失效，然后评审是否需要制订新的产品或者过程特性，是否需要增加或者更新针对产品或过程特性的评价/测量技术、抽样的样本量和抽样频次、控制方法以及反应措施。评审被内部探测出来的失效并采取相应措施可以降低内部失效成本；评审被外部反馈或者抱怨的失效并采取相应措施可以降低外部失效成本，提高产品质量，赢得顾客满意。

5.2 更新方法

一般来说，生产控制从文件到执行的逻辑是，先建立过程流程图，指明生产产品需要经过的每个过程；然后制订 PFMEA，分析每个过程中可能发生的问题，定义预防措施以及控制策略；接下来创建控制计划，根据 PFMEA 定义的控制策略和风险目标细化控制方法以及反应措施；再接下来根据过程流程图、PFMEA 和控制计划制订适合员工操作的作业指导书以及维护指导书，传递上层文件制订的质量要求，定义为了预防或者控制不满足质量要求而采取的相应措施；最后，严格按照作业指导书以及维护指导书在实际中执行。

所以，可以把信息在过程流程图、PFMEA、控制计划、作业指导书、维护指导书以及实际执行中的传递，看成信息从上层文件传递到下层文件再落实到实际执行的过程。这些不同层次的文件以及实际执行是相互联系的系统，任何一个文件或实际执行的更新都可能引起其他文件或实际执行的更新。

这种更新的连锁关系不仅体现在自上而下的触发，也体现在自下而上的反馈上。对于任何一层文件或实际执行的更新，不仅需要检查上层文件是否需要更新，也需要检查下层文件或者实际执行是否需要更新。比如，在更新控制计划时，不仅需要检查上层文件，比如过程流程图和 PFMEA 是否需要更新，也需要检查下层文件，比如作业指导书、维护指导书以及实际执行是否需要更新。本节将讨论它们中任何一个变更如何触发其他文件或者实际操作的更新。

5.2.1 过程流程图更新

过程流程图中的过程构成了控制计划的分析对象，也就是说，过程流程图中的过程应该有对应的控制计划。因此，过程流程图中过程的增减和重组也会引起 PFMEA、控制计划、作业指导书、维护指导书以及实际执行中过程的增减和重组。

当过程流程图中增加过程时，PFMEA 也需要增加该过程，以反映对新过程的功能、潜在失效、风险以及预防和控制措施；控制计划需要增加该过程并基于风险的思维及 PFMEA 中的控制策略制订控制方法和反应措施；作业指导书需要增加该过程，根据 PFMEA 和控制计划的输入，定义作业人员需要的操作步骤以及对每个操作步骤的要求，并定义需要执行的控制方法、评价/测量标准以及反应措施；维护指导书需要增加该过程，根据 PFMEA 和控制计划的输入，定义设备、工装夹具需要的维护项目以及维护方法；实际执行中需要增加该过程，需要配备 PFMEA、控制计划、作业指导书以及维护指导书中定义的并且有能力的生产和检测资源，作业人员需要严格按照作业指导书、维护指导书中的定义和要求执行。

当过程流程图中减少过程时，PFMEA 也需要减少该过程，如果该过程包含对失效的探测措施，比如该过程属于检测过程或者虽然是生产过程，但包含对之前过程的失效探测措施，则需要评估减少该过程带来的风险，通常需要更新 PFMEA 中相应失效模式的探测措施以及探测度。比如，包含某个探测措施的过程减少了，可能要在其他过程安排探测该失效的措施，则 PFMEA 需要进行相应的更新；相应地，控制计划中需要减少该过程并基于风险思维以及 PFMEA 中更新的控制策略更新受影响特性的控制方法；作业指导书需要减少该过程，根据 PFMEA 和控制计划的输入，在其他相应过程新增或者更新控制方法、评价/测量标准及反应措施；维护指导书需要减少该过程，根据 PFMEA 和控制计划的输入，在其他相应过程新增或者更新维护项目以及维护方法；实际执行中需要减少该过程，并严格按照作业指导书、维护指导书中的定义和要求新增或者更新控制方法的执行。

当过程流程图中重组过程但不涉及操作步骤的新增和减少时，PFMEA 也需要相应地重组过程，如果该重组包含探测措施相对操作步骤的顺序调整，则需要评估调整探测措施带来的风险，通常需要更新 PFMEA 中相应失效模式的探测措施以及探测度；控制计划需要相应地重组过程，并基于风险的思维以及 PFMEA 中更新的控制策略更新受影响特性的控制方法；作业指导书需要重组该过程，根据 PFMEA 和控制计划的输入，在相应过程新增或者更新控制方法、标准及反应措施；维护指导书需要重组该过程，根据 PFMEA 和控制计划的输入，在相应过程新增或者更新维护项目以及维护方法；实际执行中需要重组该过程，并严格按照作业指导书、维护指导书中的定义和要求新增或者更新控制方法的执行。

5.2.2 PFMEA 更新

PFMEA 采用基于风险的思维方法，根据能够接受的风险大小，确定每个过程的预防和控制的策略。PFMEA 上接过程流程图，下启控制计划，是过程控制的依据。PFMEA 中典型的变更有过程的实现方法变更、过程的功能或者步骤变更、失效模式或者原因变更、预防或者探测措施变更、风险评估变更等。

PFMEA 变更前，需要检查过程流程图是否需要变更，如果过程的编号、名称和顺序没有变更，一般不需要更新过程流程图；反之，则需要更新过程流程图。如果过程流程图需要更新，比如增加了新过程，这种由上而下的文件之间和实际过程的更新方法如前文所述。

如果 PFMEA 中的过程实现方法变更，比如过程由手工操作变更为自动完成，需要重新分析过程的步骤，因此，失效原因、预防和探测措施以及风险大小都需要更新，而这些变更可能会引起控制计划中除了过程编号及过程名称以外所列的变更。比如，制造用机器/设备、夹具/工装列中更新了制造资源，需要控制的产品特性和过程特性也会随着过程实现方法的变化而变更，相应地，后面的抽样样本量、抽样频次、控制方法、反应措施也需要随 PFMEA 的分析结果更新。

如果 PFMEA 中的过程功能或者步骤变更，需要更新功能分析，因此，失效模式或失效原因、预防和探测措施以及风险大小都需要更新，而这些变更可能会引起控制计划中需要控制的产品特性和过程特性随着过程功能或步骤的变化而变更，相应地，后面的抽样样本量、抽样频次、控制方法、反应措施也需要随 PFMEA 的分析结果更新。

如果 PFMEA 中的失效分析变更，比如生产过程中发生问题或者出现顾客抱怨，需要更新失效分析，因此，失效模式或失效原因、预防和探测措施以及风险大小都需要更新，而这些变更可能会引起控制计划中需要控制的产品特性和过程特性随着失效和风险的变化而变更，相应地，后面的抽样样本量、抽样频次、控制方法、反应措施也需要随 PFMEA 的分析结果更新。

如果 PFMEA 中的风险分析变更，比如生产过程中发生问题或者出现顾客抱怨而更新了预防或探测措施或者风险大小，需要更新风险分析，因此，预防和探测措施以及风险大小都需要更新，而这些变更可能会引起控制计划中抽样样本量、抽样频次、控制方法、反应措施随 PFMEA 的风险分析结果更新。

PFMEA 中的过程功能、步骤以及预防和探测措施需要在实际中执行，因此，当它们变更后，需要评审作业指导书以及维护指导书是否需要变更，以执行变更后的过程功能、步骤以及预防和探测措施。

5.2.3 控制计划更新

控制计划是控制产品制造所需要的系统及过程的成文描述，它继承并详细策划了 PFMEA 中的控制策略。因此，控制计划变更前，需要检查过程流程图和 PFMEA 是否需要变更，如果过程的编号、名称和顺序、过程功能和步骤，以及对应的要求、失效模式和原因、预防和探测措施、风险评估没有变更，一般不需要更新过程流程图和 PFMEA；反之，则需要更新上层文件。如果过程流程图或者 PFMEA 需要更新，比如更新了预防或者探测措施、更新了风险评估，这种由上而下的文件之间和实际过程的更新方法如前文所述。

控制计划中的有些内容一般不会引起过程流程图和 PFMEA 的更新，包括参照的文件编号、尚没有引起风险太大变化的抽样样本量，以及抽样频次、反应措施。如果控制计划中参照的文件编号有更新，比如产品/过程规范/公差、控制方法、反应措施中参照的文件编号，为了保持文件间的追溯性，需要更新变更的文件编号；如果抽样样本量、抽样频次或反应措施导致了风险变化，比如从全数检测变成抽样检测，当然需要更新 PFMEA。即使更新没有导致 PFMEA 的更新，为了符合实际执行情况，这些内容也需要在控制计划中更新。

控制计划中几乎所有内容，比如制造用机器/设备、夹具/工装、需要控制的产品特性或者过程特性、产品/过程规范/公差、评价/测量技术、抽样样本量和抽样频次、控制方法以及反应措施都需要在实际中执行，因此，当它们变更后，需要评审作业指导书以及维护指导书是否需要变更，以执行变更后的过程以及控制。

5.2.4　作业指导书更新

作业指导书包括生产类作业指导书，也包括检测类作业指导书，它定义了作业的步骤、要求和反应措施。定义作业指导书时参照过程流程图、PFMEA 和控制计划中提出的要求，这些需要在作业指导书中予以实现，因此，作业指导书变更前，需要检查过程流程图、PFMEA 和控制计划是否需要变更。如果过程的编号、名称和顺序、过程功能和步骤，以及对应的要求、生产和检测资源、检测的特性、抽样样本量、抽样频次、控制方法及反应措施没有变更，一般不需要更新过程流程图、PFMEA 和控制计划；反之，则需要更新上层文件。如果过程流程图、PFMEA 和控制计划需要更新，比如更新了评价/测量技术或者检测措施，这种由上而下的文件之间和实际过程的更新方法如前文所述。

更新作业指导书而不需要更新过程流程图、PFMEA 及控制计划，往往是因为需要补充之前作业指导书中缺失的内容，或者更清楚地定义作业步骤或者要求，或者作业步骤不会影响产品质量。而因此更新作业指导书也是必要的，因为作业指导书内容的缺失或者不清楚会导致预防或者探测措施不能在实际中有效执行，从而不能在实际中真正地降低风险，因而威胁产品和过程质量。

5.2.5　维护指导书更新

维护指导书定义了对制造以及检测用机器/设备、夹具/工装的维护，从而持续保持它们的能力，实现产品和过程的质量要求。定义维护作业指导书时参照过程流程图、PFMEA 和控制计划中提出的要求，因此，维护指导书变更前，需要检查过程流程图、PFMEA 和控制计划是否需要变更。如果维护的项目以及维护的频次和方法没有变更，一般不需要更新过程流程图、PFMEA 和控制计划；反之，则需要更新上层文件。如果过程流程图、PFMEA 和控制计划需要更新，比如增加、减少或者变更了维护项目、频次或者方法，这种由上而下的文件之间和实际过程的更新方法如前文所述。

更新维护指导书而不需要更新过程流程图、PFMEA 及控制计划，往往是因为需要补充之前维护指导书中缺失的内容，或者更清楚地定义维护步骤或者要求，或者维护项目不会影响产品质量。而因此更新维护指导书也是必要的，因为维护指导书内容的缺失或者不清楚会导致预防或者探测措施不能在实际中有效执行，从而不能在实际中真正地降低风险，因而威胁产品和过程质量；即使更新的维护项目不影响产品质量，也能提高过程的顺畅性，提高过程效率。

5.2.6　实际执行的更新

生产和检测产品需要实际的执行，实际的执行只有遵守过程流程图、PFMEA、控制计划、作业指导书以及维护指导书的要求，才能让质量的策划变得有意义，才能降低质量风险和生产成本。因此，在变更实际的执行前，需要检查过程流程图、PFMEA、控制计划、作业指导书以及维护指导书是否需要变更。如果过程的编号、名称和顺序、过程功能和步骤，以及对应的要求、产品和过程的风险、生产和检测资源、检测的特性、抽样样本数量、抽样频次、控制方法及反应措施没有变更，一般不需要更新过程流程图、PFMEA、控制计划、作业指导书及维护指导书；反之，则需要更新上层文件。如果过程流程图、PFMEA、控制计划、作业指导书以及维护指导书需要更新，比如实际中风险大小发生了变化、预防或者探测措施发生了变更，这种由上而下的文件之间和实际过程的更新方法如前文所述。

更新实际执行而不需要更新过程流程图、PFMEA、控制计划、作业指导书及维护指导书，往往是因为需要补充之前实际执行缺失的内容，或者这些实际执行不会影响产品质量。而因此更新实际执行也是必要的，因为实际执行内容的缺失会导致预防或者探测措施不能在实际中有效执行，从而不能在实际中真正地降低风险，因而威胁产品和过程质量；即使更新的实际执行不影响产品质量，也能提高过程的顺畅性，提高过程效率。

5.2.7　更新控制计划案例

项目经理邀请团队召开控制计划更新会议。项目经理说:"今天约大家更新控制计划主要有两个原因,第一个原因是在焊接过程导入自动光学检查,另一个原因是纠正上次过程审核中的一个不符合项。"

第一个变更是因为焊接过程导入了自动光学装置检查元器件端子的焊接质量,取代了之前的人工检查。团队首先检查了上层文件是否需要更新。由于过程编号、过程名称和顺序没有变更,所以过程流程图不需要变更,而PFMEA已经做了更新,用自动光学检查取代了人工检查,探测度的打分从6降到了3,风险降低了。

在控制计划中,团队将评价/测量技术由"目视检查"更新为"自动光学装置",将抽样样本量由"1件"更新为"100%",将抽样频次由"每次开班和换型"更新为"持续进行",相应地,控制方法由"1. 首件检查;2. 开班换型检查表ccc;3. 作业指导书ddd"更新为"自动检查;在设备中自动记录检查结果;设备报警和停止,设置产品为不良状态"。

另一个变更是要关闭上次过程审核中的一个不符合项。当时审核员说:"VDA6.3的P6.2.1要求控制计划应该完全陈述影响产品质量的过程参数,而焊接温度是焊接过程的重要过程参数,在这份控制计划里没有策划对焊接温度的控制。"

于是,团队把"焊接温度"作为过程特性放入了控制计划,焊接温度的规范定义在了"工艺规范bbb"中,使用的评价/测量技术有两项,首先是用温度测试仪每班测量一次焊接温度,并把结果记录在"开班换型检查表ccc"中,因为测量时产品还没有生产,所以没有策划对不良产品的反应,但作业员需要通知工艺工程师;另外一项是用传感器系统和焊接设备持续地监测焊接温度,因为测量时产品有可能正在生产,而对不良产品以及过程的反应相对复杂,所以,作业员需要通知工艺工程师。

此外,团队还在过程特性中策划了传感器控制焊接温度的防错确认,工艺工程师每月检查一次传感器控制系统的功能,即如果实际的焊接温度错误,设备应该立刻停止。工艺工程师把确认结果记录于维护计划zzz中,如果发现防错功能失效,工艺工程师遵照防错确认反应计划yyy执行。

因为焊接过程导入自动光学检查以及为了纠正过程审核中的不符合项,团队更新了控制计划,更新结果见表5-2中的阴影部分。

表 5-2 更新的控制计划

零件/过程编号	过程名称/操作说明	制造用机器/设备/夹具/工装	特性 编号	特性 产品	特性 过程	特殊特性分类	产品/过程规范/公差	方法 评价/测量技术	方法 抽样 样本量	方法 抽样 频次	方法 控制方法	反应计划 措施	反应计划 责任人
300	焊接	焊接设备 焊接夹具		元器件端子焊接质量			符合 IPC-A-610 标准的要求	自动光学装置	100%	持续进行	自动检查；在设备中自动记录检查结果；设备报警和停止，设置产品为不良状态	把不良产品放到不良区域，填写不良记录表 xxx，调整设备，直到产品合格	作业员
					焊接夹具型号		参见夹具清单 aaa	焊接夹具持机构	100%	持续进行	防错：正确的电子控制单元放不进错误的焊接夹具中	检查产品外观，如果外观有刮伤，放入不良区域；填写不良记录表 xxx，更换到正确的焊接夹具型号	作业员
					夹具机械防错功能的确认		正确的电子控制单元放不进错误的焊接夹具中	设备阅读器控制系统	100%	持续进行	自动检查，设备报警和停止	更换到正确的焊接夹具型号	作业员
					设备阅读器控制夹具型号的防错确认		设备阅读器系统的控制功能：如果夹具错误，则设备停止	不对应的焊接夹具+电子控制单元	1 次	每月	维护计划 zzz	遵照防错确认反应计划 yyy 执行	工艺工程师
								设备阅读器系统+错误夹具	1 次	每月	维护计划 zzz	遵照防错确认反应计划 yyy 执行	工艺工程师

（续）

零件/过程编号	过程名称/操作说明	制造用机器/设备/夹具/工装	特性			特殊特性分类	方法					反应计划	
			编号	产品	过程		产品/过程规范/公差	评价/测量技术	抽样		控制方法	措施	责任人
									样本量	频次			
300	焊接	焊接设备 焊接夹具			焊接位置参数		参见工艺规范 bbb	目视检查	1次	每班	开班换型检查表 ccc	通知工艺工程师	作业员
					焊接头移动到的工作位置		焊接位置	传感器控制系统	100%	持续进行	自动检查，设备报警和停止	通知工艺工程师	作业员
					传感器控制焊接头到达位置的防错确认		传感器控制系统功能：如果反错误，则设备停止	传感器系统+焊接设备	1次	每月	维护计划 zzz	遵照防错确认反应计划 yyy 执行	工艺工程师
					焊接温度		参见工艺规范 bbb	温度测试仪	1次	每班	开班换型检查表 ccc	通知工艺工程师	作业员
					传感器控制焊接温度的防错确认		传感器控制系统功能：如果温度错误，则设备停止	传感器系统+焊接设备	100%	持续进行	自动检查，设备报警和停止	通知工艺工程师	作业员
					运动轴停止位置的设备能力		参见维护计划 zzz	焊接设备+千分表	1次	每月	维护计划 zzz	遵照防错确认反应计划 yyy 执行	工艺工程师
									1次	每年	维护计划 zzz	停止该设备使用，分析和解决问题	工艺工程师

团队更新完控制计划之后，检查控制计划的下层文件，比如作业指导书和维护指导书，以及实际执行是否需要更新。

焊接过程导入了自动光学装置检查元器件端子的焊接质量，取代之前的目视检查，因此需要删除原本作业指导书中定义的在开班和换型时目视检查元器件端子焊接质量的内容，需要加入自动光学检查出不良之后的反应措施。维护计划中需要新增对自动光学装置的维护以及能力验证的内容。实际执行中需要放行和验证自动光学装置，针对操作更新，完成对员工的培训。

虽然在实际执行中已经有了传感器系统和焊接设备持续地监测焊接温度，但是在对 PFMEA 的讨论过程中，团队认为传感器只会监控实际温度和设置温度的差别，如果温度参数设置被人为修改了，这是传感器无法察觉到的，因此策划了每班用温度测试仪测量一次焊接温度。在控制计划中定义了这些措施后，需要在作业指导书中定义开班测量以及记录结果的操作，需要定义测量以及传感器检查出不良之后的反应措施；需要在维护指导书中定义传感器控制焊接温度的防错确认。实际执行中需要完成对传感器控制焊接温度的防错确认；针对操作更新，完成对员工的培训。

第 6 章
特定情景下的控制计划

6.1 作业准备的验证

作业准备为即将进行的生产建立了正确的条件，比如安装工装夹具、选择程序或者工艺参数、对原物料进行预处理等。好的开始是事情成功的一半，如果生产的作业准备缺失或者错误，那么生产出来的产品就会出现问题，给顾客或者内部造成影响。

作业准备涉及影响产品质量的主要因素，即对人、机、料、法、环的准备。从问题的严重程度来说，当人员没有资质，机器或者工装夹具的型号、程序或者参数错误，设备或者过程能力不足，设备或过程状态异常，物料缺失，物料型号或属性错误，以及环境异常时，都会导致产品出现问题，由于从一开始就出现了错误，因此可能造成批量产品出问题。从问题的发生概率来说，生产准备往往要求短时间内完成，而且很多时候需要准备的事项琐碎而繁杂，比如需要在多个不同的夹具、程序和原物料中选择正确的型号、编号和料号，因此，作业准备出现错误的概率也较大。

鉴于以上两点，需要在生产之前，对作业准备进行验证。作业准备验证评价了作业准备的充分性和正确性，确保了在生产准备充分和正确之后才能开始生产。这正响应了 IATF 16949《汽车行业质量管理体系标准》对组织的作业准备验证的要求。

6.1.1 验证的时机

作业准备的目的是建立正确的生产条件，这通常包含配备适用类型、数量和质量的人力资源和物质资源。建立生产条件通常发生在新作业、变更作业、过程维护修理或者较长时间停止再作业时，在执行作业准备之后、开始生产之前，需要进行作业准备验证，所以，作业准备验证的时机发生在每次生产作业启动之前。

新作业包括开始一批产品或者一个生产班次的生产。这时的作业准备涉及对人、机、料、法、环、测所有生产条件的准备，比如配备适用类型、数量和质量的人员、机器或者工装夹具、程序、参数、物料、环境条件等。

变更作业包含变更待生产的产品、人员、机器或者工装夹具、程序、参数、物料、环境等生产条件。需要注意的是，变更机器或者工装夹具、物料不一定是进行不同型号、料号的变更，也可能变更的是同一种型号、料号，只是需要安装或添补更新的机器或者工装夹具、物料，比如更换磨损的工装夹具、补充物料。变更之后常常涉及对过程做一些调整。

过程维护修理或者较长时间停止再作业主要包括机器或者工装夹具维护修理后的再作业以及过程停止较长时间，比如一年或者基于风险的思维定义的其他时间之后的再作业。机器或者工装夹具经过维护修理后，可能并没有修复完好甚至发生了其他问题，比如忘记安装，或者错误安装了机器或工装夹具的零部件，调整了错误的参数等。过程停止较长时间之后，人员可能出现该作业技能下降的问题，机器或者工装夹具可能会出现润滑、氧化生锈以及功能衰减等问题。所以，对于过程维护修理或者较长时间停止再作业的作业准备验证主要是为了保证整个过程的正确功能和能力。

6.1.2　验证的方法

确定了作业准备的验证时机后，接下来就需要用一定的方法进行作业准备验证。

对作业准备最直接的验证方法是把事项准备的结果与它们的规范或者目标进行对比。如果超出规范或目标的范围，就表示该项作业准备存在错误。比如，对比工装程序检查表，检查选择的工装夹具以及程序的型号是否正确；对比物料清单，检查准备的物料是否正确；对比工艺参数表，检查设定的过程参数是否正确；运用标准样件，检查测试设备是否能发挥正确功能，确认测试设备的能力。

不仅可以直接通过验证过程本身来验证作业准备，也可以采用间接验证产品的符合性或者趋势来验证作业准备。虽然作业准备的事项繁多，但这些事项都影响着产品结果，即使有一项作业准备错误，产品也可能出现问题，所以，通过检查产品特性也可以验证作业准备是否完整并且正确。

通过产品验证作业准备比较常见的方法是首件或者末件确认。首件确认是对生产出来的首件或头几件产品进行检测，其好处是可以及时发现过程的问题，避免批量产品不良。还可以将首件与本批产品的末件做比较，从而发现同批产品的质量状况是否发生改变；将末件与下批产品的首件做比较，从而发现不同批产品的质量状况是否发生改变。

6.1.3 验证在控制计划中的体现

IATF 16949《汽车行业质量管理体系标准》要求组织应该在控制计划中包含用于制造过程的控制手段，包括作业准备的验证，如有必要时，还应包括首件/末件确认。由此可见质量管理体系标准对作业准备验证的重视。

在制订控制计划时，有两种常见的方法用于体现作业准备的验证内容。第一种方法是直接指定作业准备的验证内容，第二种方法是引用包含作业准备验证的文件或者检查表。

针对新作业或者变更作业的验证常常在控制计划中直接指定作业准备的验证内容，有时也引用包含作业准备验证的文件或者检查表。而对于过程维护修理或者较长时间停止再作业的验证一般涉及内容较多，并且在其他文件中有详细规定，因此常常在控制计划中引用包含作业准备验证的文件或者检查表。

在控制计划中具体指定作业准备验证的好处是可以使人员立刻知晓需要验证的作业准备内容，便于从整体上把握对产品和过程在准备过程中的控制方法。直接指定作业准备验证的控制计划案例见表 6-1。在该案例中，需要在每次开班或者换型时，验证焊接夹具型号以及焊接位置参数是否正确，并且还要对元器件端子的焊接质量进行首件确认。

在其他文件或者检查表中定义作业准备的验证内容，控制计划再引用这个文件或检查表，该方法的好处是当作业准备的验证内容过多时，可以简化控制计划内容。引用包含作业准备验证的文件或者检查表的控制计划案例见表 6-2。在该案例中，需要在每次开班或者换型时，执行作业准备的验证，作业准备的验证内容已经定义在作业准备验证表 eee 中，控制计划在定义作业准备的验证内容时，引用了这份检查表。

表 6-1 控制计划指定作业准备的验证

零件/过程编号	过程名称/操作说明	制造用机器/设备、夹具/工装	特性编号	特性产品	特性过程	特殊特性分类	产品/过程规范/公差	方法 评价/测量技术	抽样 样本量	抽样 频次	控制方法	反应计划 措施	反应计划 责任人
300	焊接	焊接设备 焊接夹具		元器件端子焊接质量			符合IPC-A-610标准的要求	目视检查	1件	每次开班和换型	1.首件检查 2.开班换型检查表 ccc 3.作业指导书 ddd	把不良产品放到不良区域;填写不良记录表xxxx;调整设备,直到首件合格	作业员
					夹具型号		参见夹具清单 aaa	目视检查	每次开班和换型		1.开班换型检查表 ccc 2.作业指导书 ddd	更换到正确的焊接夹具型号	作业员
					焊接位置参数		参见工艺规范 bbb	目视检查	1次	每班	1.开班换型检查表 ccc 2.作业指导书 ddd	通知工艺工程师	作业员

表 6-2 控制计划引用作业准备的验证

零件/过程编号	过程名称/操作说明	制造用机器/设备、夹具/工装	特性编号	特性产品	特性过程	特殊特性分类	产品/过程规范/公差	方法 评价/测量技术	抽样 样本量	抽样 频次	控制方法	反应计划 措施	反应计划 责任人
300	焊接	焊接设备 焊接夹具		作业准备的验证			参见作业准备验证表 eee	目视检查	1件	每次开班和换型	1.首件检查 2.开班换型检查表 ccc 3.作业指导书 ddd	把不良产品放到不良区域;填写不良记录表xxxx;调整设备,直到首件合格	作业员

6.2 返工和返修控制

当生产出不良产品之后，如果顾客不让步接收这些不良品，且基于成本考虑，组织也不准备报废它们，通常情况下，组织会考虑对这些不良品进行返工或返修。在决定是否返工或返修之前，一般先进行风险分析，评估返工或返修对产品带来的风险，如果风险可以接受，且在必要时得到顾客的同意，才可以开始返工或返修。

注意，这里的前提条件是经过返工，要使产品满足要求；经过返修，要使产品满足预期用途。否则，即使经过返工返修，产品还是不良品。而为了实现以上前提，就需要对返工返修进行控制。

6.2.1 返工和返修的定义

返工是使不合格产品符合要求而对其采取的措施，返修是使不合格产品满足预期功能而对其采取的措施，两者的区别是一个符合要求，一个满足功能。符合要求比满足功能的要求更严格，符合要求的产品不仅要满足预期功能，而且还要满足其他既定的要求，这些要求可能带来产品功能外的其他收益，比如外观、便利性等，也可能让产品功能更可靠。

比如，电子产品的印制电路板发生焊锡桥接短路后，采取措施让焊盘之间的连接、焊锡覆盖、填充度等特性均符合要求，这属于返工。而采取某些措施后，虽然解决了焊锡桥接短路问题，实现了印制电路板正确的通电功能，但焊锡覆盖、填充度等特性不符合要求，那这些措施就属于返修了。关于这一点，只要想想师傅如何维修家用电器就明白了。家电维修时，我们可能并不关注维修后的产品是否符合各种要求，而是关心产品是否能满足其应有的功能，比如空调原来不制冷，现在是否能制冷，所以这叫维修。

6.2.2 返工和返修的控制

返工或返修的过程中可能会发生各种问题，比如，返工过程不能使产品符合规定的要求，返修产品不能满足预期的功能，产品产生混料、过期、损坏、污染等，所以，为了避免这些问题，需要控制返工和返修过程。

IATF 16949《汽车行业质量管理体系标准》要求在产品返工或返修之前，利用 PFMEA 来评估返工或返修过程中的风险，在控制计划中包含对返工和返修的确认，编制包括这些确认的返工和返修作业指导书，保留所形成的与返工和返修的产品处置有关的文件信息，比如数量、处置方式、日期以及适用的可追溯性信息。

返工和返修控制要求不同之处在于，当顾客有要求时，返工之前可能需要获得顾客批准，而返修之前一定要获得顾客批准。并且，由于返修后的产品不符合全部要求，所以放行前需要获得顾客文件形式的让步授权。

6.2.3　返工和返修在控制计划中的体现

IATF 16949《汽车行业质量管理体系标准》要求在控制计划中包含对返工和返修的确认，AIAG 的《控制计划参考手册》要求对与正常操作不一样的返工以及返修在控制计划中制订独立的过程，以全面分析该过程的产品和过程特性。而重复正常过程的返工可以融合在控制计划的正常过程中，但在控制计划中需要明确返工的开始和结束位置。

此外，返工和返修可能会对产品产生不良影响，比如，产品产生混料、过期、损坏、污染等，所以，控制计划中也需要定义对这些方面相关特性的控制。

表 6-3 提供了一个返工的控制计划案例。在这个案例中，由于返工的操作和正常操作不一样，所以在控制计划里制订了独立的返工过程，以全面分析该过程的产品和过程特性。该过程也分析了返工对产品可能产生的不良影响，比如，产品可能产生的混料、损坏、污染等。

该控制计划的过程名称中包含了"返工"字样，以区别正常的张贴标签过程。该重贴标签过程旨在移除打印不良或者内容错误的标签，并打印和张贴新的标签。由于担心旧的标签没有被完全移除，于是策划了 100% 的目视检查。重贴标签之后，采用扫码枪控制系统，自动检查重贴后的标签内容是否正确。该控制计划还考虑了返工过程的负面作用，策划了对产品型号和产品外观的控制。

表 6-3 返工的控制计划

零件/过程编号	过程名称/操作说明	制造用机器、设备、夹具/工装	特性		特殊特性分类	方法					反应计划	
			编号	产品	过程	产品/过程规范/公差	评价/测量技术	抽样		控制方法	措施	责任人
								样本量	频次			
500	返工－重贴标签	打印机		旧的标签被移除		没有旧标签残留	目视检查	100%	持续进行	作业指导书 xxx	移除旧标签残留，把残留放入报废盒	作业员
				产品型号		参见物料清单	扫码枪控制系统	100%	持续进行	自动防错，软件报警	隔离不良产品	作业员
				产品外观		参见失效目录 yyy	目视检查	100%	持续进行	作业指导书 xxx	隔离不良产品	作业员
				标签内容		参见图样	扫码枪控制系统	100%	持续进行	自动防错，软件报警	隔离不良产品，通知工程师	作业员

6.3 临时变更控制

由于需要纠正问题或者持续改善，变更总是存在的。变更可能由组织、顾客或者供应商引起，需要对变更进行必要的评审，检查变更是否影响质量、交期和成本等，通过控制变更以确保提供的生产或服务持续地符合要求。

这些变更大多数属于长久的变更，但还有一类属于临时变更。这种临时变更常常是无奈的选择，比如生产资源受到限制。不过这种变更是临时的，一旦限制条件得以解除，生产最终还是要回到正常状态。

和其他变更一样，临时变更也可能影响生产或服务的提供，因此也需要进行控制才能确保其持续地符合要求。长久的变更在控制计划中的体现方式在上一章中已经做过介绍，本节主要关注临时变更在控制计划中的体现。

6.3.1 临时变更的原因

天有不测风云，生产资源不可能永远顺畅地运行，比如生产设备或者主要的控制方法可能会发生故障，这时如果没有备用的设备或者控制方法，并且这些故障又短时间内得不到解决，那么生产就可能中断，进而影响产品按时交付顾客。

有些组织为了避免这种风险，就会提前策划临时变更，即策划临时的替代工艺或者替代的控制方法，当问题确实发生时就会启动这些替代工艺或者控制方法，从而避免生产中断，以满足顾客的交期要求。

但这些替代的工艺或者控制方法要么能力弱于正常的工艺或者控制方法，长期运行将给产品或者过程质量带来风险，要么虽然能力与正常工艺或者控制方法相当甚至更强，但运行起来成本较为昂贵，因此，运用这些替代工艺或者控制方法其实是应急措施，只是用它们为解决问题争取时间。当生产设备或者主要的控制方法修复后，还是要尽快恢复到正常的生产工艺以及控制方法。

6.3.2 临时变更的控制要求

IATF 16949《汽车行业质量管理体系标准》对正常过程的主要控制方法临时变更为替代的控制方法提出了要求。实际上，对工艺的临时变更也可以按照此方法进行控制。

在替代的控制方法策划阶段，组织首先识别需要的临时变更，据此制订替代的控制方法清单并获得批准，然后将替代控制方法列入 PFMEA 进行风险分析并提出必要的措施，接下来将替代控制方法纳入控制计划中，再根据 PFMEA 和控制计划定义作业指导书。

在实际执行替代的控制方法前，需要得到内部的批准。在执行替代控制方法的过程中，需要保留启用替代控制方法的记录，并需要至少每日评审替代的控制方法的运行情况。需要保证替代期间生产的所有产品的可追溯性，并应该尽早恢复控制计划规定的主要控制方法。

在发运采用替代控制方法的产品之前，如有要求，需要获得顾客批准。当重启主要控制方法时，为了确认主要控制方法的能力确实已经恢复到正常水平并且产品和过程没有异常，需要对主要控制方法以及过程特征（比如参数、设置）进行验证，并需要保留结束替代控制方法的记录。

组织还需要对替代的控制方法清单进行定期评审，以检查实际需要的替代控制方法是增加还是减少，或者是需要改善。

6.3.3　临时变更在控制计划中的体现

如果存在临时替代的控制方法，需要在控制计划中定义主要的控制方法以及替代的控制方法，以表明在正常生产情况下执行主要的控制方法，当替代控制方法启用的条件发生并获得批准时，执行临时替代的控制方法。表 6-4 提供了一个临时变更的控制计划案例。

在这个案例中，控制元器件端子焊接质量的主要控制方法是自动光学设备检查，考虑到没有备用的自动光学设备，万一设备故障又短时间内解决不了，那生产就会中断，进而影响到产品的顾客交期，因此，策划了目视检查作为临时替代的控制方法。为了区分主要控制方法和临时替代控制方法，在评价/测量技术这一列里做了相应的标注。

表 6-4 临时变更的控制计划

零件/过程编号	过程名称/操作说明	制造用机器/设备、夹具/工装	特性编号	特性 产品	特性 过程	特殊特性分类	产品/过程规范/公差	方法 评价/测量技术	方法 抽样 样本量	方法 抽样 频次	控制方法	反应计划 措施	反应计划 责任人
300	焊接	焊接设备 焊接夹具		元器件端子焊接质量			符合 IPC-A-610 标准的要求	自动光学设备（主要的控制方法）	100%	持续进行	自动检查；在设备中自动记录检查结果；设备报警和停止，设置产品为不良状态	把不良产品放到不良区域；填写不良记录表xxxx；调整设备，直到产品合格	作业员
								目视检查（替代的控制方法）	100%	持续进行	作业指导书 ddd	把不良产品放到不良区域；填写不良记录表xxxx；调整设备，直到产品合格	作业员

6.4 全尺寸检验和功能试验

产品需要满足的全部要求已经在生产件批准时得到了验证或确认，并得到了组织内部和顾客的批准，在日常生产中，也会按照控制计划定义的要求对产品特性进行检测，确保产品质量。但还有一些产品特性并没有包含在日常的检测工作中，这些特性可能影响产品的尺寸或者性能表现，对这些特性也需要做定期的验证。

IATF 16949《汽车行业质量管理体系标准》对全尺寸检验和功能性试验做了专门的要求，目的是确保这些特性也能像日常生产中需要检测的产品特性一样得到持续满足。

6.4.1 重复验证的意义

全尺寸检验是对设计图样或者设计记录上显示的所有产品尺寸进行完整测量，比如产品的长宽高、孔径等，其目的是定期确认产品定义的全部尺寸是否满足规范要求。

功能性试验是根据顾客的工程材料和性能标准对产品的材料和性能进行检验或试验，比如耐久性能或者抗拉强度等，其目的是定期确认材料和产品的性能是否满足规范要求。

组织的全尺寸和功能性试验应该根据顾客的要求执行，若顾客没有要求，可以基于风险的思维定义执行的频次和样本量。比如，有顾客要求供应商每年开展一次全尺寸检验（符合所有尺寸要求），至少测量 5 件；有顾客要求供应商至少每 3 年执行一次完整的重复认证（等同于生产和工艺批准/首样认可）。

IATF 16949《汽车行业质量管理体系标准》也要求组织采用顾客要求的特定方法，在生产及交付的适当阶段对产品进行审核，以验证产品对所规定要求的符合性。产品审核的目的是验证产品符合所有规定的要求，包括产品尺寸、功能、性能、安全性、法律法规、包装、标签等。有些组织把全尺寸检验和功能性试验融入产品审核中，产品审核结果可用作全尺寸检验和功能性试验的证明。

6.4.2 全尺寸检验和功能试验在控制计划中的体现

IATF 16949《汽车行业质量管理体系标准》要求，应按控制计划的规定，根据顾客的工程材料和性能标准，对每一种产品进行全尺寸检验和功能性验证，其结果应可供顾客评审。

因此，IATF 16949 要求组织应该把全尺寸检验和功能性试验的策划，比如检测的项目、规范、抽样频次、抽样样本量等信息定义在控制计划中，并按照控制计划执行。表 6-5 提供了一个全尺寸检验和功能试验的控制计划案例。

在该案例中，针对全尺寸检验，每年都会用坐标测量机对安装孔距离进行测量，并出具全尺寸检验报告；针对功能试验，每年都会用温度冲击试验验证产品的耐温度冲击性能，用振动测试验证产品的抗振动性能，并出具功能试验报告。

6.5 防错确认控制

对产品特性或者过程特性的防错以及检测需要体现在控制计划中。IATF 16949《汽车行业质量管理体系标准》要求"应进行统计研究来分析在控制计划所识别的每种检验、测量和试验设备系统的结果中呈现的变异"来保证测量系统的有效性，同样地，对防错装置也需要进行确认从而保证防错的能力。

6.5.1 防错及确认的目的

某个组织被顾客抱怨交付了错误的产品，质量人员查阅 PFMEA 针对该失效模式是如何管控的，发现该工厂理论上有扫码检查物料的防错措施，但为什么还是发生了交付错误产品这个问题呢？随后，工程师尝试用错误的产品去扫码，发现检测系统并不像期望的那样报警和停止，也就是说，所谓的防错装置并没有起到防错的作用。

防错技术很多时候使用在容易发生问题或者发生问题之后影响比较严重的场合，所以，防错功能的失效会带来很大风险。因此，就像测量系统需要验证以保证测量结果的正确性一样，也要对防错功能进行确认以保证防错的有效性。

因此，IATF 16949《汽车行业质量管理体系标准》要求组织对使用的防错方法进行控制，具体来说，应有一个形成文件的过程，用于确保使用适当的防错方法。所采用防错方法的详细信息应在过程风险分析（如 PFMEA）中形成文件，试验频率应记录在控制计划中。该过程应包括对防错装置失效或模拟失效的试验，应保留记录。若使用挑战件，则应在可行时对挑战件进行标识、控制、验证和校准。对于防错装置失效应有一个反应计划。

表 6-5 全尺寸检验和功能试验的控制计划

零件/过程编号	过程名称/操作说明	制造用机器/设备、夹具/工装	特性编号	特性 产品	特性 过程	特殊特性分类	产品/过程规范/公差	方法 评价/测量技术	方法 抽样 样本量	方法 抽样 频次	控制方法	反应计划 措施	反应计划 责任人
800	全尺寸检验			安装孔距离			参照产品审核计划 yyy	坐标测量机	3 片	每年	全尺寸检验报告	遵照产品审核反应计划 xxx 执行	工艺工程师
900	功能试验：温度冲击试验			耐温度冲击性能			参照产品审核计划 yyy	温度冲击试验机 + 功能测试机	3 片	每年	功能试验报告	遵照产品审核反应计划 xxx 执行	工艺工程师
	功能试验：振动测试			抗振动性能			参照产品审核计划 yyy	振动试验机 + 功能测试机	3 片	每年	功能试验报告	遵照产品审核反应计划 xxx 执行	工艺工程师

6.5.2 防错确认的方法

对防错最直接和最有效的确认方法是运用失效模拟的方法，即拿实际的或者制作出来的缺陷样品或者挑战件来测试防错装置，检查防错装置是否具有要求的防错功能。为了确保缺陷样品或者挑战件发挥应有的作用，它们代表的缺陷应该恰好位于规范界限之上或者稍微超过规范界限。并且，这些标准缺陷样品或者挑战件也需要进行标识和维护，以保证其不会被误用并且持续保持能力。

防错确认的频率可以选择在生产前进行，或者基于风险的考虑选择定期进行，比如每班、每天、每周、每月等。在生产前确认防错装置时因为距离实际生产的时间较短，所以防错装置产生变异的概率小，因此可以更好地保证防错装置的有效性。但是，如果在生产前有太多项防错功能需要确认，这可能会影响生产。

周期性确认防错功能可以减少对生产的影响，但需要注意选择合适的时间间隔。防错确认的时间间隔的选择可以考虑防错功能产生变异的可能性、其他控制措施的存在性以及防错装置失效后执行反应计划的能力等因素，如果间隔时间太长，可能防错功能失效很久了才会被发现。很多时候，将两种防错确认的时机结合起来使用才能既保证防错的有效性，又保证生产的流畅性。

6.5.3 防错确认在控制计划中的体现

IATF 16949《汽车行业质量管理体系标准》要求组织将防错装置的试验频率记录在控制计划中，试验过程应包括防错装置失效或模拟失效的试验，应保留记录。

控制计划中的防错确认内容可以放到该防错装置所控制的特性的下一行中填写，可以把防错确认作为过程特性，将该防错装置的功能作为产品/过程规范/公差，其评价/测量技术往往运用错误模拟或者挑战件，抽样频次一般基于风险的大小进行选择，而样本量往往是一件，控制方法中应该描述记录防错确认活动和结果的表单。如果防错确认结果失败，其反应计划需要基于自上次防错成功确认后所生产产品的风险，考虑产品的处理方法，并及时修复防错装置。

表 6-6 提供了防错确认的控制计划案例。在该案例中，防错装置是颜色传感器控制系统，正如该控制计划内容的第一行所示，颜色传感器控制系统用来检查胶水的型号是否正确，每次加胶时，检查一次胶水的型号，如果型号错误，则设备报警并停

止。在该控制内容的下一行，策划了防错的确认。该确认的目标是确认颜色传感器控制系统是否具有自动控制胶水型号的功能，采用的评价/测量技术是用错误的胶水作为挑战件，检查设备是否报警并停止。该防错确认每次开班进行一次，并把结果记录在开班和换型记录表中。如果防错确认结果失效，作业员应该通知工程师，工程师基于风险状态考虑采用哪些反应措施。

表 6-6 防错确认的控制计划

零件/过程编号	过程名称/操作说明	制造用机器/设备、夹具/工装	特性		特殊特性分类	方法					反应计划	
			编号	产品	过程	产品/过程规范/公差	评价/测量技术	抽样		控制方法	措施	责任人
								样本量	频次			
1234	注入胶水	注胶机、注胶夹具		胶水型号		参见物料清单	颜色传感器控制系统	1件	每次加胶	自动防错，设备报警和停止	更换到正确的胶水	作业员
				防错确认		颜色传感器控制系统的正确功能	挑战件（错误胶水）	1件	每次开班	开班和换型记录表zzz，检验指导书yyy	通知工程师	作业员

6.6 增值过程的控制计划

过程流程图识别了从原物料开始，到最终形成产品经过的各个过程。在这些过程中，可以分为常见的四种过程，即增值过程、检测过程、运输过程和存储过程。这些过程要么产生产品质量，要么检测产品质量，要么影响产品质量，如果不加以控制，产品可能会出现问题。因此，对这些过程，需要在控制计划中策划产品和过程的控制方法。首先，是对增值过程的控制。

增值过程是组织最主要的过程，是组织赖以生存的过程，增值过程和顾客满意度直接相关，任何组织都不能忽视对增值过程的开发和控制。增值过程控制好了会促进组织的生存和发展，否则组织只能被市场无情淘汰。

6.6.1 增值过程的定义

增值过程是产生产品特性的过程，是人员、机器以及工装夹具对原物料进行加工，产生新的或者变化的产品特性的过程，比如印制、张贴标签、烧录、烘烤、冲压、切割、焊接、喷漆、组装等过程都属于增值过程，经过这些过程，产品多出了标签、软件、原物料，或者原物料改变了成分、形状、位置等。

增值过程产生了新的产品特性或者改变了产品特性，因而实现了产品功能或者满足了感官要求。所以，增值过程是顾客愿意为此付费的过程。增值过程直接关系到产品质量，直接和顾客的满意程度相关，因此，增值过程是组织首先需要关注的过程。

增值过程一般包含人员、设备、工装夹具等资源。人员需要获得培训和训练，以获得增值的作业能力。设备和工装夹具需要具备生产出满足顾客要求的产品特性的能力，并需要定期维护以保持这样的能力。

增值过程一般包括生产准备、物料预处理、放置物料、传输和固定物料、加工和组装物料、卸载物料等动作。其中，生产准备又包括换型、安装以及设置程序和工装夹具等动作。这些动作并不固定由设备、工装夹具或者人员中的某一项完成，比如放置物料，有可能由人员完成，也可能由机械手完成。分析过程时，需要根据实际生产情况确定由谁来完成。

6.6.2　增值过程的控制

对增值过程控制的关键是全面地识别所有可能影响质量的产品特性，然后基于问题严重程度、发生问题的概率以及探测能力等指标评估风险的大小，从而策划匹配风险等级的控制方法。

产品特性大部分来源于产品研发的成果，比如图样、DFMEA、产品规范、特性清单。图样、产品规范以及特性清单直接描述了产品特性，所以可以从这些文件中直接获取产品特性。而从 DFMEA 中获取产品特性需要一些转化，一般的方法是把 DFMEA 中的失效原因或者失效模式转化为产品特性，该产品特性要么由供应商的过程生产出来，要么由组织内部生产出来，由组织内部生产出来的产品特性可以转化为 PFMEA 中的失效模式以及控制计划中的产品特性。

如果上述来源的产品特性已经转移为失效模式在过程研发的成果（比如 PFMEA）中管控，那么可以直接基于 PFMEA 识别产品特性。一般的方法是首先找出 PFMEA 中包含的防错类措施以及具有监测性质的预防和探测措施，然后确定它们控制的失效对象是关于产品的还是关于过程的，如果是关于产品的，则把该失效对象，通常是失效模式，转化为产品特性放入控制计划中进行控制。

对增值过程的控制很关键的一点是可靠地保护产品特性，不要等到产品特性超出规范时才来应对，而是要向前走一步，全面识别生成或者影响产品特性的过程特性，通过控制过程特性，预防产品特性出现问题。

过程特性可能来自组织已有的知识库，比如过程规范、经验总结，如果新过程没有这些规范或者需要对规范进行改进，可以运用试验设计（DOE）来探究过程特性和产品特性的关系，从而选择合适的过程特性及其规范。

对增值过程控制同样关键的是确保生产设备以及过程的能力。如果评价发现生产设备以及过程没有能力生产出满足规范要求的产品，那就需要及时分析原因，并采取措施提高设备以及过程的能力，减少过程生产出的不良产品，从而降低产品不良成本，提高顾客满意度。

如果上述来源的过程特性已经转移为失效原因在过程研发的成果（比如PFMEA）中管控，那么可以直接基于PFMEA识别过程特性。一般的方法是首先找出PFMEA中包含的防错类措施以及具有监测性质的预防和探测措施，然后确定它们控制的失效对象是关于产品的还是关于过程的，如果是关于过程的，则把该失效对象，通常是失效原因，转化为过程特性放入控制计划中进行控制。

此外，也要控制增值过程中的负面作用。比如，在同一过程运用不同原物料生产不同的产品，可能会造成原物料、半成品或者成品的混料；增值过程也可能会由于人为因素或者设备和工装夹具因素出现原物料、半成品或产品的损坏或者污染。因此，为了不破坏质量，需要对这些负面作用进行控制。

6.6.3 增值过程在控制计划中的体现

创建增值过程的控制计划时，为了减少特性的遗漏并且逻辑清晰地表达这些特性，可以在控制计划中按照生产阶段组织它们。生产阶段可以分为生产前、生产中、生产后及长期生产，识别每个阶段需要控制的产品特性及过程特性，把它们写入控制计划。

生产前，需要定义生产准备的验证：在产品特性方面，比如，检测原物料的型号和属性，确认首件产品的质量；在过程特性方面，比如，检查工装夹具、程序等的正确性。

生产中，需要定义生产过程中的检测：在产品特性方面，比如，检测正在生产的原物料属性及产品质量；在过程特性方面，比如，监控机器设备的动作、参数及工装夹具的状态。

生产后，需要定义生产结束后的检测：在产品特性方面，比如，检测生产完成后产品的质量。如果本过程生产的产品特性不在本过程而在后续过程被检测，则把它们放入对应的后续过程中作为产品特性进行控制。

长期生产时，需要定义周期性的产品和过程检测：在产品特性方面，比如，定期对产品进行全尺寸检验以及功能性验证；在过程特性方面，比如，定期对机器设备或者过程进行能力分析。此外，定期对直接影响产品质量并且较容易产生变异的机器设备的动作或者工装夹具的状态进行确认也是本过程的过程特性。

表6-7展示了一个增值过程的控制计划，该控制计划中，生产前需要确认的是每次加胶时检查胶水型号、夹具类型以及机器每次注出的胶水量；生产中的控制是每生产10件产品测量胶水高度以及持续地监控注胶头运动速度；生产后的控制是测量生产末件的胶水高度；长期生产的控制是每周确认系统控制错误夹具的防错效果，以持续保证防错的能力，每年验证一次机器注出胶水量的设备能力，以持续保证设备生产出满足顾客要求的产品。

6.7 检测过程的控制计划

控制了四种过程中最重要的增值过程之后，接下来需要控制次重要的检测过程。一般认为检测过程不创造价值，但它的存在却是顾客端产品质量的重要保证。

由于生产因素的波动性，没有组织敢保证可以100%预防生产出不良产品，从而取消所有的检测过程。实际上，组织都会安排检测过程以发现生产出的不良产品，因为检测过程是产品在生产之后保障质量的重要措施，控制好检测过程，可以保证产品到达顾客端的质量。

6.7.1 检测过程的定义

检测过程是运用检测资源，对照检测标准，判断被检测对象合格与否的过程。检测资源包括测量系统、设备、工具以及人员的感官，因此，各类检测包括目视检查、

表 6-7 增值过程的控制计划

零件/过程编号	过程名称/操作说明	制造用机器/设备、夹具/工装	编号	特性-产品	特性-过程	特殊特性分类	产品/过程规范/公差	评价/测量技术	方法-样本量	方法-频次	控制方法	反应计划-措施	责任人
1234	注入胶水	注胶机、注胶夹具		胶水型号			参见物料清单 xyz	目视标签	1 件	每次加胶	开班和换型记录表 zzzz，检验指导书 yyy	更换胶水型号	作业员
					正确的夹具		参见夹具清单 abc	自动读取夹具的编码和系统设置对比	1 件	每次换型	自动记录在系统中，自动控制，设备报警和停止	更换夹具型号	作业员
					机器每次注出的胶水量		$(x \pm y)$ g	天平	1 件	开班和换型	开班和换型记录表 zzzz，检验指导书 yyy	调整机器	作业员
				胶水高度			参见图样 xyz	卡尺	1 件	每 10 件以及生产末件	胶水高度记录表 xxx，检验指导书 yyy	停止机器，将不良品放到分析盒中，通知工程师	作业员
					注胶头运动速度		$(a \pm b)$ m/s	传感器	100%	持续进行	自动控制，设备报警和停止	停止机器，通知工程师	作业员
					防错确认		自动读取夹具的编码和系统设置对比，控制错误的夹具	挑战件（错误夹具）	1 次	每周	维护计划表 aaa	通知工程师	维护员
					机器注出胶水量的设备能力		Cmk ≥ 1.67	注胶机以及表格软件	50 件	每年	Cmk 报告	分析原因和纠正	工程师

量具测量、功能测试、泄漏测试、光学检查、X 光检查等。

检测过程的意义首先在于及时了解原物料、半成品或者成品的状态，从而及时采取控制措施；检测过程的意义还在于检测出原物料、半成品或者成品当中的不良，从而遏制不良，防止不良品继续流动甚至交付给顾客。

合理运用检测过程不仅可以减少批量不良事件，从而降低不良成本，也可以补救不良品的质量，保护顾客的利益。因此，除生产过程外，检测过程也受到组织和顾客的广泛关注。

过程流程图中的检测过程一般拥有独立的工位，这个工位包含检查人员，或者测量工具或设备等检测资源，这些检测资源根据判断标准，判断被检测对象合格与否，然后将良品和不良品进行区分。而隶属于生产、运输或存储过程的检测措施，一般不会放在过程流程图中作为独立的一个过程，而是作为这些过程中的一个功能或者探测措施。过程流程图中的检测过程有自己独立的控制计划，而作为其他过程的功能或者探测措施的检测没有独立的控制计划，而是隶属在这些过程的控制计划中。

6.7.2　检测过程的控制

对检测过程控制的关键是明确正在被检测的特性，如果观念上认为正在被检测的特性比实际的少，那么可能会认为控制得还不够，因此需要策划其他的控制方法，从而增加了额外的成本；如果观念上认为正在被检测的特性比实际的多，那么可能会认为控制已经足够，不需要再策划其他的控制方法，从而造成质量风险。理想的情况是明确正在被检测的特性，使得观念上认为正在被检测的特性和实际的一致。

对检测过程的控制同样关键的是确保评价/测量技术的能力。如果评价/测量技术没有能力检测出产品或过程特性是否超出规范或者控制目标，那么即使产品或者过程特性存在不良，也可能不会发现这些不良，从而不会触发反应措施，不良过程就会继续存在和发展，不良产品就会继续流动甚至交付给顾客。

测量系统的能力体现在准确性和精确性两方面，准确性一般通过校准来确定，而精确性一般通过对测量系统的重复性和再现性分析来评估。校准和测量系统分析一般都是按照周期完成的，比如每年一次。为了减少日常使用测量系统的风险，很多组织执行了测量系统的日常验证。测量系统的日常验证一般使用标准样件进行，比如开班用良品标准样件去验证测量系统，测量应该通过；用不良品标准样件去验证测量系统，测量应该不通过。在这里，良品标准样件的通过代表测量系统建立了顺畅测量的条件，而不良标准样件的不通过表示了测量系统具备了一定的探测能力。

此外，也要注意检测过程的负面作用。比如，在同一过程对不同原物料、半成品或者产品检测，可能会造成原物料、半成品或者产品的混料；检测过程中的人为因素或设备和工装夹具因素可能会造成原物料、半成品或产品损坏或者污染。因此，为了不破坏质量，需要对这些负面作用进行控制。

6.7.3　检测过程在控制计划中的体现

创建检测过程的控制计划时，为了减少特性的遗漏并且逻辑清晰地表达这些特性，可以按照生产阶段在控制计划中组织它们，识别每个生产阶段需要控制的产品特性以及过程特性，把它们写入控制计划。

生产前，需要定义生产准备的验证：在产品特性方面，比如，检测待测产品的型号和属性，确认首件产品的质量；在过程特性方面，比如，检查工装夹具、程序等的正确性，以及验证测量系统的能力。

生产中，需要定义生产过程中的检测：在产品特性方面，比如，检测产品特性；在过程特性方面，比如，监控机器设备的动作、参数以及工装夹具的状态。

生产后，需要定义生产结束后的检测：在产品特性方面，比如，根据风险大小，对检测完成后的产品进行质量的再验证，在目视检查后再进行目视检查验证。

长期生产时，需要定义周期性的产品和过程检测。对检测过程而言，主要针对过程进行检测：过程特性方面，比如，定期对测量系统进行校准和分析测量系统的能力。此外，定期对直接影响产品质量并且较容易产生变异的机器设备的动作或者工装夹具的状态进行确认也是本过程的过程特性。

表6-8展示了一个检测过程的控制计划，该控制计划中，生产前需要确认的是测试夹具型号、测试程序以及测量系统能力验证；生产中的控制是每次测试都自动调取测试程序并测试产品电气功能；生产后的控制没有策划；长期生产的控制是每月检查一次测试针状态以保证良好的电气连接。

表 6-8 检测过程的控制计划

零件/过程编号	过程名称/操作说明	制造用机器/设备、夹具/工装	特性		特殊特性分类	方法					反应计划	
			编号	产品	过程		产品/过程规范/公差	评价/测量技术	抽样		控制方法	措施	责任人

零件/过程编号	过程名称/操作说明	制造用机器/设备、夹具/工装	编号	产品	过程	特殊特性分类	产品/过程规范/公差	评价/测量技术	样本量	频次	控制方法	措施	责任人
1234	功能测试	功能测试设备、测试夹具			测试夹具型号		参见夹具清单 aaa	设备阅读器控制系统	100%	开班或者换型	自动控制,设备报警和停止	更换到正确型号的测试夹具	作业员
					测试程序		参见程序清单 bbb	扫码枪扫码,设备自动调取程序	100%	持续进行	自动调取程序	通知工程师	作业员
					测量系统能力验证		功能测试设备正确的功能	合格与不合格标准样件	1次	开班或者换型	开班换型记录表 xxx	通知工程师	作业员
				产品电气功能			参见测试规范 ccc	功能测试设备	100%	持续进行	自动记录测试结果,自动控制,设备报警和停止	隔离测试不合格的产品	作业员
					测试针状态		参见维护指导书 ddd	目视检查	1次	每月	维护指导书 ddd	更换测试针	维护员

6.8 运输过程的控制计划

增值过程和检测过程是生产流程中最重要的两类过程,然后,不同过程之间可能还存在运输过程,即把物料、半成品或者成品从一个过程运往另外一个过程。这种运输过程存在于供应商和组织之间,也存在于组织和顾客之间,还可能存在于组织的内部过程之间。

虽然运输过程常常被认为是浪费的过程,但很多时候由于地理位置的限制,运输过程又是不得不存在的。运输过程虽然不产生价值,也不验证产品的符合性,但如果不加以控制,可能对产品质量造成负面影响,比如运输时可能会发生混料、产品损坏或者污染。所以,需要识别和控制运输过程。

6.8.1 运输过程的定义

运输是用工具把原物料、半成品或者成品从一个地方运到另一个地方的过程。运输过程包括从供应商运输原物料到组织,组织内部不同过程之间原物料、半成品及产品的运输,还包括从组织运输产品到顾客端。

运输过程由组织内外及过程之间不同的地理位置决定,虽然说运输不产生价值,确实也应该减少运输,但要绝对杜绝运输也是不可能的,因为不可能让组织内外所有的过程都连接在一起。

运输过程一般包含人员、运输设施等资源。人员有时需要特殊技能认证,比如叉车证;运输设施比如叉车、运载车、智能搬运机器人、物流小货车、大货车等。

运输过程一般包括装载、运送和卸载等动作。装载是把原物料、半成品或者成品装上运输工具,运送是把原物料、半成品或者成品从一个地点运输到另一个地点,卸载是把原物料、半成品或者成品从运输工具卸到运输地点。

运输过程虽然不产生价值,但并不意味着运输过程不需要控制。其实,由装载、运送和卸载等动作组成的运输过程可能会破坏产品价值,比如运输过程中的原物料、半成品或者成品可能会混料或者损坏。因此,需要控制运输过程以保护产品价值,不要让价值在运输动作中受到损失。

6.8.2 运输过程的控制

控制运输过程主要在于控制运输过程中的负面作用。在运输过程中可能会发生原物料、半成品或者成品混料，所以需要检测它们的型号；运输过程可能会由于人为因素或者设备因素造成原物料、半成品或者产品损坏或者污染，所以需要检测它们的外观或者其他产品特性；运输还可能运输到错误地点，运输到正确地点后，可能会出现放置位置错误、摆放方式错误或者标签等标识放置错误，因此，可能需要检测运送的地点、摆放的位置、摆放的方式以及标签的正确性。

除控制运输过程的输出成果外，有些运输过程还需要控制运输的输入和过程，比如检查运输工具的型号、运输工具的内环境、运输工具的速度、运输对象堆积的高度、运输路线等。运输工具型号错误，比如应该运用封闭式车厢的运用了开放式车厢，可能会造成原物料、半成品或者产品受到雨水或者污染物的侵入；运输工具内部脏污可能会造成原物料、半成品或者产品污染、腐蚀；运输工具速度过快、物品堆积层数过高或者运输路线错误，可能会造成产品因倾倒、撞击或者重压而损坏。所以，对这些过程特性也需要控制。

6.8.3 运输过程在控制计划中的体现

创建运输过程的控制计划时，为了减少特性的遗漏并且逻辑清晰地表达这些特性，可以按照生产阶段在控制计划中组织它们，识别每个生产阶段需要控制的产品特性以及过程特性，把它们写入控制计划。

生产前，需要定义运输准备的验证：在过程特性方面，比如，检查运输工具的正确性，检查运输工具内部的环境，检查原物料、半成品或者产品在运输工具中的摆放情况及高度。

生产中，需要定义运输过程中的检测：在过程特性方面，比如监控运输工具的速度、路况、线路。

生产后，需要定义运输过程后的检测：在产品特性方面，比如检测原物料、半成品或者产品的料号，检测是否有损坏或者污染；在过程特性方面，比如检测运送的地点、摆放的位置、摆放的方式以及标签的正确性。

长期生产时，需要定义周期性的产品和过程检测：在过程特性方面，比如每月检查一次运输工具的状态。

表6-9展示了一个运输过程的控制计划，该控制计划中，生产前需要确认的是运载车清洁状况；生产中的控制是每次装载产品时检查产品在运载车上的摆放高度，持

表 6-9　运输过程的控制计划

零件/过程编号	过程名称/操作说明	制造用机器/设备、夹具、工装	特性编号	特性产品	特性过程	特殊特性分类	方法 产品/过程规范/公差	方法 评价/测量技术	抽样 样本量	抽样 频次	控制方法	反应计划 措施	反应计划 责任人
1234	运输产品	运载车			运载车清洁状况		没有可见异物	目视检查	1次	使用运输车前	作业指导书xxx	清洁运输车	送货员
					产品在运载车上的摆放高度		参照作业指导书xxx	目视检查	1次	每次装载	作业指导书xxx	放置产品于另一摞	送货员
					运载车路线		参见地标	目视检查	100%	持续进行	作业指导书xxx	返回到正确路线	送货员
					运送地点		参见流程卡	目视检查	1次	运输到目标地点后	作业指导书xxx	返回到正确地点	送货员
				产品型号			参见流程卡	目视检查	1次	运输到目标地点后	作业指导书xxx	隔离错物料，通知工程师	送货员

续地检查运载车路线；生产后的控制是运输到目标地点后检查运送地点以及产品型号；长期生产的控制没有策划。

6.9 存储过程的控制计划

普遍认为不增值的过程除了运输过程，还有存储过程，其实，存储过程的存在也有其意义。存储过程广泛地存在于组织之中，比如原物料的存储、半成品的存储、产品的存储等。

虽然存储过程似乎不产生价值，也不验证产品的符合性，但如果不加以控制，可能会对产品质量造成负面影响，比如造成存储时原物料、半成品或者产品的混料、损坏、污染和变质。所以，需要识别和控制存储过程。

6.9.1 存储过程的定义

存储过程是在原物料、半成品或者产品暂时不用时存放起来的过程。存储过程可能存在于原物料到半成品再到产品的所有阶段，比如原物料接收后放入原物料仓库，半成品完成一个过程后暂时存放以等待下一个过程，产品完成生产后放入成品仓库。

有些存储是问题所在。比如若两个过程的周期时间不一致，前一个过程生产率高，后一个过程生产率低，两个过程之间就会产生来不及加工的半成品，于是会产生堆积，产生临时存储，这样的存储应该减少。

而有的存储也存在价值。比如，有些原物料从冰箱中拿出后需要回温才能恢复到可以使用的物理和化学属性，有些半成品涂覆完胶水需要一定时间才能固化，于是产生了临时存储的过程，这时的存储就是增值的。

还有些存储是出于风险管理的需要。比如，为了应对原物料供应的波动，设置了原物料的存储；为了应对过程中重要设备可能出现的问题，安排了半成品的存储；为了应对顾客需求的波动，布置了产品的存储。

存储过程一般涉及人员、存储设施、存储环境、存储标识和记录等资源。存储设施如库房、冰箱、氮气柜等的作用是提供一定的场所以及环境供存储之用。存储环境的作用在于保护原物料、半成品或者产品使其免受环境因素，比如雨水、温度、湿度、气体、灰尘及腐蚀性物质等的不良影响。

存储过程一般包括入库、盘点和出库等操作。入库包括对原物料、半成品或产品进行验收、登记及放置。盘点包括对原物料、半成品或产品进行料号和数量等的检查，确保物账相符。出库包括对原物料、半成品或产品进行取出、核对及登记等步骤。

6.9.2 存储过程的控制

对具有增值作用的存储过程控制的关键在于控制存储的环境和时间，比如回温时间、固化温度和固化时间。对其中增值部分的产品特性也可以安排特定的检测，比如检测产品的固化效果。

对其他的存储过程的控制主要在于控制存储过程中的负面作用。存储过程可能会造成原物料、半成品或成品混料，所以需要检测它们的型号；存储过程可能会由于人为因素、设施因素或环境因素造成原物料、半成品或产品损坏或污染，需要对产生这些问题的影响因素，比如温湿度、清洁度、存储时间，以及它们所导致的产品特性问题进行检测；存储过程还可能出现存储库位错误问题，即使存储在正确的库位，还可能会出现摆放方式错误或者标签等标识放置错误等，因此，可能需要检测存储的位置、摆放方式以及标签的正确性；此外，存储时间过长，原物料、半成品或者产品可能会过期或者变质，所以，需要检测存储时间，检测原物料、半成品或者产品是否过期及其物理或者化学属性的符合性。

6.9.3 存储过程在控制计划中的体现

创建存储过程的控制计划时，为了减少特性的遗漏并且逻辑清晰地表达这些特性，可以按照生产阶段在控制计划中组织它们，识别每个生产阶段需要控制的产品特性以及过程特性，把它们写入控制计划。

生产前，需要定义存储准备的验证：在过程特性方面，比如检查正确的存储设施，检查存储环境正确的温湿度、清洁度。

生产中，需要定义存储过程中的检测：在产品特性方面，比如检查原物料、半成品或成品的型号，检查它们是否过期、损坏或污染，检测其物理或者化学属性；在过程特性方面，比如检查存储的位置、摆放方式以及标签的正确性。

生产后，需要定义存储过程后的检测：在产品特性方面，比如检查取出的原物料、半成品或成品的型号，检查它们是否过期、损坏、污染或变质，检测其物理或者化学属性。

长期生产时，需要定义周期性的产品和过程检测：在产品特性方面，比如每月检查一次存储的物料型号和数量以保证货账的一致性。

表6-10展示了一个存储过程的控制计划，该控制计划中，生产前需要准备的内容没有策划控制；生产中的控制是每次存储胶水时检查胶水的型号及有效期，持续地监控存储的温湿度；生产后的控制是出库前检查胶水黏度；长期生产的控制是每周检查一次胶水的型号以保证货账的一致性，每月检查一次胶水的有效期以保证物料先进先出及先到期先出。

表6-10 存储过程的控制计划

零件/过程编号	过程名称/操作说明	制造用机器/设备、夹具/工装	特性			特殊特性分类	方法					反应计划	
			编号	产品	过程		产品/过程规范/公差	评价/测量技术	抽样		控制方法	措施	责任人
									样本量	频次			
1234	存储胶水	冰箱		胶水型号			参见物料存储系统	目视检查	1次	每次存储以及每周	检验指导书xxx	放置正确的胶水到正确的库位	仓储员
				胶水有效期			参见胶水标签	目视检查	1次	每次存储以及每月	物料检查表yyy	隔离过期的胶水，用有效期内的胶水补充	仓储员
					存储温湿度		参见物料规范aaa	温湿度传感器	100%	持续进行	自动报警	通知工程师	仓储员
				胶水黏度			参见物料规范aaa	黏度计	1次	出库前	出库记录表zzz	隔离黏度有问题的胶水，使用其他胶水	仓储员

第 7 章
控制计划的良好实践

良好实践不是强制要求,而是经过思考和实践总结出来的可以提高效率或者改善效果的做法。在这里没有用最佳实践一词,而是采用了良好实践的说法,其用意是鼓励创新,使人们不会因为一味追求最佳实践或者畏惧最佳实践而埋没了每一次的小改进。良好实践即使微小,每一次的良好实践都是一种进步,在改进道路上持续前进,永不满足,就会不断朝着最佳迈进。

在日常的工作和学习中,鼓励个人总结良好实践、团队评比良好实践、组织推行良好实践。每个良好实践都是在当前框架下的改进,其结果是改进了个人、团队和整个组织做事的效率或者效果,提升了个人、团队和整个组织积极向上的精神面貌。

本书提供了五个控制计划执行中的良好实践,分别是创建和更新中的标准语言、通用过程和特定产品,持续改进中的控制计划检查表、逆向控制计划,最后是控制计划总结。这些良好实践仅供参考,也希望大家从中获得启发产生更多的良好实践。

7.1 创建和更新

创建和更新控制计划是控制计划的形成过程,因此直接关系到控制计划的质量,此过程也需要耗费一定的时间和努力,因此,总结创建和更新控制计划过程中的良好实践是尤其需要考虑的。

创建和更新这一节总结了控制计划中可以重复使用的标准语言，从而减少控制计划内容的遗漏和混乱描述，并提高创建和更新控制计划的效率；还提出了通用过程和特定产品的概念，在省时省力的同时实现了对产品和过程控制的差别管理、重点管理。

7.1.1 控制计划标准语言

在创建或更新控制计划时，常常发生不知道如何表达控制计划中的特定内容的情况，比如特性、控制方法和反应措施等，想了很久也不能得到满意的答案；有时会遗漏一些必要的内容，比如遗漏了长期生产时的控制点，忽略了针对不合格产品的反应措施。这时，如果有了控制计划内容的标准语言库，这些问题会在很大程度上得以解决。

标准语言建立在经验教训的基础上，是对控制计划的每列内容进行总结而形成的相对统一的内容。标准语言的资料库既可以提示控制计划中该填写的内容，又可以重复使用这些内容以减少不必要的重复书写，而且使得控制计划显得更具专业性，降低了创建和更新过程中的随意性。

标准语言的建立不是一步到位的，而是在平时创建和更新控制计划的过程中不断收集和总结得来的。并且，由于产品和过程不同，每个组织、部门甚至个人整理的标准语言也会不同，但只要建立就会有收益，有建立就可以基于目前的水平持续改进标准语言。

表 7-1 中的标准语言示例列出了一些常见的标准语言，但没有穷尽所有情况，仅供触发灵感和参考。在表格中，第一行对应控制计划的列名，第二行列举了该列内容可能包含的标准语言。表格中 ××× 表示实际中的特性名称、文件号码或者对象名称，在选用该标准语言时，需要填入这些具体信息。

7.1.2 通用过程和特定产品

组织一般会为每个产品或者产品家族创建独立的控制计划，这样当产品越来越多时，创建的控制计划也会越来越多，比如 A 产品有自己的控制计划，后来 B 产品导入，为 B 产品创建了独立的控制计划，再后来为 C 产品也创建了独立的控制计划。为每个产品创建独立的控制计划，是考虑了不同产品的独特性而策划定制的控制方法，

表 7-1 标准语言示例

产品特性	过程特性	产品/过程规范/公差	评价/测量技术	样本量	抽样频次	控制方法	反应措施	责任人
×××料号	正确的程序	参见物料清单×××	扫码枪和×××系统	100%	持续进行	检查表×××	挑选物料	作业员
×××数量	正确的夹具	参见图样×××	阅读器和×××系统	1件	每×××小时	记录在×××报告	隔离受影响的物料	维护员
×××方向	正确的过程参数：×××	参见过程规范×××	传感器和×××系统	×××件	每次换型	自动控制，设备报警和停止，产品被设置为不良状态	把受影响的物料送去分析	实验员
×××位置	设备能力 Cmk 分析：×××	参见检查表×××	相机和目视检查	1次	每次开班	防错控制：×××	报废受影响的物料	领班
×××尺寸	过程能力 Cpk 分析：×××	参见失效目录×××	卡尺		每天	作业指导书×××	停止设备	线长
×××功能	测量系统能力验证		千分尺		每周	维护指导书×××	停止生产	技术员
×××外观	防错确认		气压表		每月		基于×××规则通知	工程师
			天平		每季度		通知领班	
			万用表		每年		通知线长	
			放大镜				通知技术员	
			测温仪				通知工程师	
			厚度表				更换到正确的物料	
			静电测试仪				更换到正确的程序	
			应力测量仪				更换到正确的夹具	
			三坐标测量仪				调整设备	
			功能测试设备				失效原因分析，根据原因采取措施	
			泄漏测试设备					
			产品机械设计					

从质量控制方面来说无疑是好的。但是，如果 A、B、C 产品都有类似的过程，比如注入胶水过程，在每个产品独立的控制计划中复制粘贴类似过程并不是最优解。

在每个产品独立的控制计划中复制粘贴类似过程不是最优解的原因之一是忽略了过程的共性和产品的特性。在一个产品中将某通用过程的控制计划完成后，将其复制到其他产品的控制计划中，删减不适用于这个产品的控制点，再加入这个产品特有的控制点。于是，在产品的控制计划中，过程共有的控制和产品特定的控制就混杂在一起，分不清哪些是通用过程标准的控制、哪些是特定产品决定的特有的控制。而这对通用过程的持续改进是不利的，因为过程没有自己独立的控制计划，而是分布在不同产品的控制计划中，这样就缺少了当前标准控制的基准，从而难以确定本过程的改进方向。反之，如果通用过程存在自己独立的控制计划，那就使人对当前通用过程标准的控制方法一目了然，于是，过程的持续改进就有了基石。将来根据特定产品的质量反馈，决定过程的控制是转化为标准的控制还是保留在产品特定的控制中，从而实现通用过程的持续改进。

在每个产品独立的控制计划中复制粘贴类似过程不是最优解的原因之二是这种做法为将来控制计划的更新造成了困难。假设某个通用过程发生了变更，在一个产品的控制计划变更之后，需要将同样的变更执行到另外一个产品的控制计划中，如果还有其他产品也使用这个过程，那重复的文件更新还将继续进行，直到所有运用这个过程的产品控制计划更新完毕为止。但如果通用过程有自己独立的控制计划文件，那更新就简单了，只需要在自己独立的控制计划中更新就可以了。

其实，不应该只有产品系列的概念，也需要有过程系列的概念，见表 7-2 所示，从纵向来看，每个产品包含画叉的过程，这些过程构成了产品的价值流；从横向来看，每个过程被画叉的产品使用，画叉的产品越多，该过程的通用性就越强，该过程就越需要拥有自己独立的控制计划文件。

为通用过程创建了独立的控制计划文件后，如果某个产品使用该通用过程，那就可以直接在这个产品的控制计划中引用这个通用过程的控制计划，然后再识别这个过程在产品中特定的控制点，把这些特定的控制点在产品的控制计划中定义出来。表 7-3 提供了特定产品控制计划引用通用过程控制计划的一个案例，该过程在此产品中对胶水高度的控制和通用过程的控制计划有所不同，所以在产品的控制计划中识别了这个差异，其他内容参见通用控制计划。

表 7-2 产品和过程矩阵表

过程	产品			
	产品 A	产品 B	产品 C	产品 D
过程 1	×	×		×
过程 2		×	×	×
过程 3	×	×		×
过程 4		×	×	
过程 5	×		×	×
过程 6		×		×
过程 7	×			×
过程 8		×	×	×
过程 9				
过程 10				

表 7-3 产品控制计划引用通用过程控制计划

零件/过程编号	过程名称/操作说明	制造用机器/设备、夹具、工装	特性			特殊特性分类	产品/过程规范/公差	评价/测量技术	方法		控制方法	反应计划	
			编号	产品	过程				样本量	抽样频次		措施	责任人
1234	注入胶水			胶水高度			参见图样 xyz	卡尺	1 件	每 20 件以及发生产末件	胶水高度记录表 xxx, 检验指导书 yyy	停止机器，将不良品放到分析盒中，通知工程师	作业员
						其他内容参见"注入胶水"通用控制计划 zzz							

开始时，一个过程可能仅仅被用在一个产品中，这时的这个过程称为特定过程，随着产品的增加，越来越多的产品开始使用该过程，这时可以考虑设置这个过程为通用过程，为这个通用过程创建专门的PFMEA、控制计划、作业指导书以及设备和工装夹具维护指导书等文件，其他产品的文件再引用这些文件。

通用过程基于过程的实际状况以及特定产品的反馈来持续改进过程的执行和控制，由于通用过程的管理反映在了特定产品的PFMEA、控制计划、作业指导书以及设备和工装夹具维护指导书等文件中，于是，特定产品所使用的这些过程也实现了同步的持续改进，共同提高了产品以及过程的质量，降低了失效成本。

在特定产品发生问题时，要思考这是特定产品的问题还是通用过程的问题，以决定对应的控制措施是放在产品特定的控制计划中还是更新在通用的控制计划中。如果定义在产品特定的控制计划中，那么仅仅改善了这个产品的控制；如果定义在通用过程的控制计划中，那么所有使用该通用过程的产品和过程质量都改善了。

7.2 持续改进

以事件为触发条件，比如发生新情况、变更，以及问题发生和解决后才更新控制计划是不够的，为了持续增强满足要求以及预防风险的能力，有必要主动持续地改进控制计划，这种改进不是发生问题之后的被动更新，而是主动式的提升。

本节介绍两种主动改进控制计划以实现持续改进的良好实践，分别是利用控制计划检查表进行持续改进，以及利用逆向控制计划过程来实现持续改进。两者类似的地方在于都使用了结构性的检查表识别改进，前者使用了控制计划检查表，后者使用了逆向控制计划检查表；区别在于控制计划检查表更多地是对控制计划文件本身的改进，而逆向控制计划检查表的目的是从实际出发检讨和改进当时的控制。

7.2.1 控制计划检查表

人类一次记忆事物的数量是有限的，有科学家提出人类工作记忆的容量通常是5~9个，这就意味着如果记忆数量超过这些数量，人就不容易记清这些事物。所以，即使已经理解了控制计划创建和更新的要点，但由于这些要点的数量繁多，并且控制计划可能是在时间压力下完成的，所以就比较容易忽略某些要点。而忽略这些要点带来的影响就是给产品和过程带来风险，造成质量和成本损失。

预防上述问题推荐的工具是控制计划检查表，检查表列举了控制计划过程以及内容中需要注意的事项，以便对照检查其是否符合，如果不符合，定义措施来弥补这些差距。使用检查表检讨控制计划过程及内容并不是审核，而是控制计划团队主动地去发现不足、弥补不足，因此这项活动属于持续改进的范畴。

控制计划检查表可以在创建或者更新控制计划的过程中使用，也可以在完成创建或者更新控制计划后的审批前使用。使用时，对照控制计划检查表中的每一个项目，检查是否已经做到，如果没有做到，需要分析原因，定义措施并分配责任人和截止时间，从而关闭不符合项。

表 7-4 展示了控制计划检查表的一个案例。该检查表分为问题、"是"或者"否"的回答，以及在回答"否"之后，需要定义和追踪的必要措施、责任人及截止时间。

表 7-4 控制计划检查表案例

	问题	是/否	措施	责任人	截止日期
1	过程流程图、PFMEA 和控制计划中的过程编号以及过程名称是否一致？				
2	PFMEA 中定义的控制是否已经转移到控制计划中？				
3	控制计划中识别的特性是否完整涵盖了生产前、生产中、生产后及长期生产需要控制的产品特性和过程特性？				
4	所有适用的特殊特性是否已经在控制计划中正确识别？				
5	防错装置以及测量系统是否在控制计划中正确识别并在实际中使用？				
6	针对防错装置的有效性确认是否定义或者引用在控制计划中？				
7	抽样频次的定义是否支持对异常情况的有效遏制？				
8	抽样样本量的定义是否基于行业标准、统计抽样计划表、统计过程控制方法，或者是否能代表当前的生产状态？				
9	控制计划中定义的抽样频次和样本量与实际执行情况是否一致？				
10	反应计划中是否包含了适用的对产品的反应措施以及对过程的反应措施？				
11	控制计划是否包含了适用的返工、返修、临时变更、全尺寸检验和功能性试验？				
12	控制计划中引用的数据、文件以及编号是否正确？				

第 1 条"过程流程图、PFMEA 和控制计划中的过程编号以及过程名称是否一致？"的目的是确保控制计划中没有过程的遗漏，保持过程流程图、PFMEA 和控制计划之间的过程追溯性。

第 2 条 "PFMEA 中定义的控制是否已经转移到控制计划中？"、第 3 条 "控制计划中识别的特性是否完整涵盖了生产前、生产中、生产后及长期生产需要控制的产品特性和过程特性？"及第 4 条 "所有适用的特殊特性是否已经在控制计划中正确识别？"的目的是确保需要控制的产品特性和过程特性没有遗漏、特殊特性已经正确标识。

第 5 条 "防错装置以及测量系统是否在控制计划中正确识别并在实际中使用？"的目的是确保在控制计划工作表中的测量／评价技术已经正确识别了使用中的防错装置以及测量系统。

第 6 条 "针对防错装置的有效性确认是否定义或者引用在控制计划中？"的目的是确保防错装置的有效性，从而在实际生产时真正发挥防错的作用。

第 7 条 "抽样频次的定义是否支持对异常情况的有效遏制？"、第 8 条 "抽样样本量的定义是否基于行业标准、统计抽样计划表、统计过程控制方法，或者是否能代表当前的生产状态？"及第 9 条 "控制计划中定义的抽样频次和样本量与实际执行情况是否一致？"的目的是确保定义的抽样方法可以有效发现并且遏制不良，并能在实际中得以落实。

第 10 条 "反应计划中是否包含了适用的对产品的反应措施以及对过程的反应措施？"的目的是确保发现异常后，可以遏制住不良产品并且恢复和稳定过程。

第 11 条 "控制计划是否包含了适用的返工、返修、临时变更、全尺寸检验和功能性试验？"的目的在于使控制计划不仅能分析日常运行的过程，而且也没有遗漏特殊的过程或者控制。

第 12 条 "控制计划中引用的数据、文件以及编号是否正确？"的目的是保证产品特性或者过程特性的规范获取正确、文件间的信息传递顺畅。

7.2.2 逆向控制计划

PFMEA 方法中包含了逆向 FMEA 过程，逆向 FMEA 是 FMEA 团队走进生产线，对照 PFMEA，发现 PFMEA 中遗漏的失效或措施，验证和挑战 PFMEA 中定义的措施，开发更准确的风险评估，以及策划进一步的优化改进措施的过程。

逆向 FMEA 过程分为主动和被动两种类型，主动逆向 FMEA 是在问题发生前，团队基于 FMEA 和现场情况进行的持续改善行为，而被动逆向 FMEA 是在问题发生后，团队基于 FMEA 和现场情况进行的预防再发生的行为。因此，逆向 FMEA 也属于持续改善的范畴。

对应于逆向 FMEA，也可以进行逆向控制计划的制订过程，其过程可以与逆向 FMEA 合并进行。逆向 FMEA 改善了预防和控制策略，而逆向控制计划改善了控制对象、控制方法以及反应措施。

逆向控制计划可以在控制计划完成后、批量生产前或者问题发生后进行。控制计划团队相聚在生产线上，基于控制计划的内容以及过程的实际执行情况，检查是否需要对更多或者更少的产品特性或过程特性进行控制，防错装置或者测量系统的能力是否符合预期，抽样的频次、样本量及控制方法是否合理以及被正确遵守，反应措施是否合理并且被执行，以及相关的执行文件是否已经完整和清晰地定义了控制计划中的内容。

为了系统化执行逆向控制计划，增强逆向控制计划的严密性，可以提前为逆向控制计划准备检查表，在逆向控制计划的过程中对照使用。表 7-5 展示了逆向控制计划检查表的一个案例。该检查表分为问题、回答以及根据回答的结果决定需要采取的必要措施。

表 7-5 逆向控制计划检查表案例

问题	回答	必要的措施
1. 生产前		
可能安装错误类型的工装夹具吗？		
当前如何控制呢？		
可能错误地安装工装夹具吗？（比如方向、位置、锁紧错误）		
当前如何控制呢？		
可能选错程序吗？		
当前如何控制呢？		
工艺参数可能设置错误吗？		
当前如何控制呢？		
可能用错原物料吗？		
当前如何控制呢？		
原物料的属性或者预处理可能发生什么问题吗？		
当前如何控制呢？		

(续)

问题	回答	必要的措施
2. 生产中		
过程或步骤可能被跳过吗?		
当前如何控制呢?		
零部件可能装多或装少吗?		
当前如何控制呢?		
产品可能被错误生产吗?(比如零部件尺寸、方向、位置不正确,产品外形不满足要求等)		
当前如何控制呢?		
产品可能被损坏或污染吗?		
当前如何控制呢?		
自动过程中的步骤可能有问题吗?(比如运动方向、位置、程度等出现问题)		
当前如何控制呢?		
自动过程中的参数可能有问题吗?(比如温度、速度、压力等出现问题)		
当前如何控制呢?		
3. 生产后		
生产后的产品有什么问题吗?		
当前如何控制呢?		
不良品会流到下个过程吗?		
当前如何控制呢?		
4. 长期生产		
防错装置会出现问题吗?		
当前如何控制呢?		
生产过程的设备或者过程能力会出现问题吗?		
当前如何控制呢?		
检测过程的检测能力会出现问题吗?		
当前如何控制呢?		

该逆向控制计划检查表把每个过程分成了生产前、生产中、生产后及长期生产四个阶段，检查每个阶段可能出现的问题，识别当前采取的控制措施，进而策划需要进一步采取或者优化的控制措施。

生产前主要关注可能安装错误类型的工装夹具；可能错误地安装工装夹具，比如方向、位置、锁紧错误；可能选错程序；工艺参数可能设置错误；可能用错原物料；原物料的属性或者预处理可能发生问题。

生产中主要关注过程或步骤可能被跳过；零部件可能装多或装少；产品可能被错误地生产，比如零部件的尺寸、方向、位置不正确，外形不满足要求；产品可能被损坏或污染；自动过程中的步骤可能有问题，比如运动方向、位置、程度等出现问题；自动过程中的参数可能有问题，比如温度、速度、压力等出现问题。

生产后主要关注过程后的产品可能有问题、不良品可能会流到下个过程。

长期生产主要关注防错装置可能会出现问题、生产过程的设备或者过程能力可能会变得不足，以及检测过程的检测能力可能不再满足要求。

在检查生产前、生产中、生产后以及长期生产可能发生的问题时，团队明确了目前存在的控制方法，如果没有控制方法，或者控制方法不适当或不足，团队应该策划适当的控制方法导入计划，并把这些措施纳入 PFMEA 中，待这些措施完成并证明有效后，再在控制计划中更新这些措施。

7.3 十四个数字掌握控制计划

本书讲述到此，主要内容基本结束。在结尾部分，将用十四个数字总结并复习本书介绍的控制计划方法论。用数字总结的好处在于可以言简意赅地介绍控制计划的要点，方便记忆并令人印象深刻，希望大家利用这些数字并结合日常实践，能真正掌握控制计划制订方法，为顾客、组织和自己带来收益。

7.3.1 三种控制计划

控制计划的类型包括原型样件控制计划、试生产控制计划及生产控制计划三种。如果顾客有要求，组织需要准备原型样件控制计划。组织要为试生产阶段以及量产阶段分别准备试生产控制计划及生产控制计划。

原型样件控制计划是对原型样件制造期间进行的尺寸测量以及材料和功能测试的描述。其作用是控制原型样件的生产质量，为产品设计的验证质量建立基础。

试生产控制计划是在原型样件生产之后、批量生产之前的试生产阶段进行的尺寸测量以及材料和功能测试的描述。其作用在于在量产之前发现并纠正潜在的问题，确认产品和过程的开发和运行能满足要求，可以批量生产。

生产控制计划是对控制生产零件和过程的系统进行的书面描述。对产品和过程进行全方位的控制才能保证产品质量和过程质量，赢得顾客满意并减少失效成本。

除了原型样件控制计划、试生产控制计划和生产控制计划三种基本类型，还存在可以附加在试生产控制计划及生产控制计划中的安全投产控制计划。安全投产控制计划的作用在于遏制潜在的不合格，确保生产过程能够安全稳定。

7.3.2 一种控制模型

控制计划的内容围绕着控制回路模型展开。而控制回路模型由控制对象、控制目标、控制方法和反应措施这四个对象组成。控制对象可以细分为产品特性以及过程特性。

控制对象处在或大或小的变化之中，如果不加以控制就可能产生失效。为了实现控制，首先需要获得控制对象的运行信息，获得信息之后，将这些信息与规范要求或者控制限进行比较，如果超出，表明控制对象已经不合格或者不再稳定。这时需要及时采取反应措施，让控制对象重返合格并且达到稳定状态。控制计划的每一条内容都在讲述这样一个关于控制回路的故事。

7.3.3 四种过程

可以把过程流程图中的过程分为常见的四种类型，即增值过程、检测过程、运输过程及存储过程。这些过程要么产生产品质量，要么检测产品质量，要么影响产品质量，如果不加以控制，产品可能会出现问题。

增值过程是产生产品特性的过程，是人员、机器及工装夹具对原物料进行加工，产生新的或者变化的产品特性的过程。对增值过程控制的关键是全面地识别所有可能影响质量的产品特性，以及生成或影响产品特性的过程特性。此外，为了不破坏质量，增值过程也要控制过程中的负面作用。

检测过程是运用检测资源，对照检测标准，判断被检测对象合格与否的过程。对检测过程控制的关键是明确正在被检测的特性，对检测过程的控制同样关键的是确保评价/测量技术的能力，同时也要控制检测过程的负面作用。

运输过程是用工具把原物料、半成品或者成品从一个地方运到另一个地方的过程。运输过程主要控制正确的目标地点以及过程中的负面作用。

存储过程是将暂时不用的原物料、半成品或者产品存放起来的过程。对存储过程中新产生或者改变的产品特性可以安排特定的检测，其他的控制主要在于控制存储过程中的负面作用。

7.3.4 四种生产阶段

生产过程可以分为生产之前、生产之中、生产之后及长期生产这四个阶段（将后续生产合并在生产之后）。区分这些阶段的目的是分阶段地计划、系统地识别需要执行的控制手段，控制产品和过程的风险。

生产前，需要对生产准备进行验证；生产中，需要对产品特性以及那些影响产品特性的过程特性进行控制；生产后，可能需要通过全检或者抽检的形式放行产品；随着产品的长期和大量生产，特性可能会出现偏移，有必要对产品和过程进行周期性的验证工作。

7.3.5 两种控制对象

需要控制的对象分为产品特性和过程特性两种基本类别，前者控制产品，后者控制过程。

产品特性是在图样或者其他工程文件上描述的零部件或产品的特征或属性。产品特性体现在产品中，它们决定着产品的功能、性能、可靠性及外观。过程特性是与产品特性有因果关系的过程变量（输入变量）。过程特性是过程特有的性质，在过程中一直存在，并不会随着产品往后流动，不会呈现在顾客端。

控制产品是为了满足顾客和产品的要求；控制过程是为了预防产品出现问题，降低失效成本。

7.3.6 两种规范/公差

两种规范/公差指的是在控制计划的"产品/过程规范/公差"中既可以直接输入实际数值，也可以引用定义了它们的文件。

规范／公差是产品或者过程特性的质量标准，有了规范／公差才能区分产品或过程合格与否，特性处在规范／公差范围之内代表产品或者过程合格，否则为不合格。为了方便直接了解产品或者过程特性取值的正确范围，常常推荐直接填写具体数值，如果选择引用定义了这些规范／公差的文件，一般优先引用上层文件，只有当上层文件没有定义这些规范／公差时，才会选择引用执行文件。

7.3.7　两种设备工装

两种设备工装分别指"制造用机器／设备、夹具／工装"及"评价／测量技术"。在控制计划表格中，"制造用机器／设备、夹具／工装"在前，"评价／测量技术"在后。

不要混淆"制造用机器／设备、夹具／工装"和"评价／测量技术"，前者是实现该过程使用到的机器／设备、夹具／工装，而后者是接下来控制产品特性或者过程特性的防错装置或者测量系统。

7.3.8　两种评价／测量技术

两种评价／测量技术指的是防错装置及测量系统。这两种技术都可以用作控制产品特性或者过程特性的手段。

防错装置是为预防制造出不合格产品而针对产品和制造过程设计和开发的装置。测量系统是用于量化或者评估被测特性，所采用的仪器或量具、标准、操作、方法、夹具、软件、人员、环境以及假设的集合。

7.3.9　两种确认或验证

两种确认或验证指的是防错确认及测量系统验证。其目的都是保证对产品特性或者过程特性的有效控制。

对防错确认来说，如果可行，最理想的是采用失效模拟的方法，即使用实际的或制作出来的缺陷样品或挑战件来测试防错装置，检查防错装置是否具有要求的防错功能。

为了控制测量误差，需要在使用测量系统对产品或过程特性进行评价或测量之前进行测量系统分析。测量系统的准确性一般通过校准来确定，而精确度一般通过对测量系统的重复性和再现性分析来评估。

7.3.10 两种质量检测

两种质量检测指的是全数检测及抽样检测。它们区分了检测对象是全部还是部分。

全数检测是对待检的所有个体进行检测的一种检测方法。全数检测可以了解所有产品和过程的状态，从而挑选出不良的产品或者过程，因此，全数检测是一种非常可信的检测方法。抽样检测是从待检的产品或过程中抽取一个随机样本，对样本中的个体进行全数检测，然后根据样本的状态对总体的状态进行判断的一种检测方法。抽样检测的频次可以分为事件触发、时间触发及产量触发三种情况。

不管采取何种质量检测方式，可供选择的检测资源包括人员运用感官或者工具检测，以及设备自动检测。

7.3.11 四种控制方法

四种控制方法包括防错、检测、记录及统计过程控制方法。根据实际情况选用它们中的一种或者几种。

控制方法是对控制产品特性或过程特性的方法的简要描述。防错类控制是运用防错装置防止某错误的发生或者发现某种错误；检测类控制可以是人员凭借感官或者量具检测，也可以是设备自动检测；检测特性之后，记录数据也是一种控制方法；获取了特性情况后，可能并不是直接与规范/公差进行对比，而是使用某种统计方法，这种统计方法也是一种控制方法。

7.3.12 两种反应措施

两种反应措施指的是对产品的反应措施及对过程的反应措施。

对产品特性而言，如果超出规范/公差，需要对产品执行反应措施，以遏制不良产品的出现，防止其进一步应用以及交付到顾客端。

对过程特性而言，如果发现其超出规范/公差，由于过程特性影响产品特性，这时产品特性可能已经出现不良，因此，需要评价产品是否也会出现不良，如果会产生不良，也需要计划对产品执行反应措施。

不管是产品特性还是过程特性，只要超出规范/公差或控制界限，都需要对过程执行反应措施，以停止不正常的过程并且使其恢复到正常的状态。

7.3.13 四种更新时机

更新控制计划的四种时机分别是出现新情况、发生变化、问题解决、定期评审。当这些时机出现时，需要评审控制计划以决定其是否需要更新。

出现的新情况包括新产品、新过程、新特性、新控制等。因为这些新情况也需要控制才能保证产品或者过程质量，所以新情况可能触发控制计划更新。

变化涉及控制计划中任何表格元素，在变化执行之前，应该评审控制计划，检查其是否需要更新控制计划，以适应变更后的产品或者过程，持续监控和保证产品或者过程质量。

当问题发生后，通过问题解决过程确定问题的因果关系和预防、探测措施。为了防止问题的再次发生，需要更新控制计划，以便把这些成果纳入控制系统中完善当前的产品和过程控制。

生产过程的实际表现是动态变化的，需要基于风险的大小，制订定期评审控制计划的周期，并按照该定义对控制计划进行定期评审。

7.3.14 四种关联的控制文件

四种关联的控制文件包括过程流程图、PFMEA、控制计划、作业指导书或维护指导书。生产控制信息在这些文件中依次传递，直到在实际中执行。

生产控制从文件到执行的逻辑是先建立过程流程图，指明生产产品需要经过的每个过程；然后制订PFMEA，分析每个过程中可能发生的问题，定义预防措施以及控制策略；接下来创建控制计划，根据PFMEA定义的控制策略和风险目标细化控制方法以及反应措施；再接下来再根据过程流程图、PFMEA和控制计划制订适合员工操作的作业指导书以及维护指导书；最后，严格按照作业指导书以及维护指导书在实际中执行。

这些层次不同的文件是互相关联的系统，任何一个文件的创建或更新都可能引起其他文件的创建或更新。当其中的任何一个文件创新或更新时，不仅需要检查上层文件是否需要创建或更新，也需要检查下层文件是否需要创建或更新。最后，再完美的文件也需要在实际中获得执行，否则，这些文件只能沦为一堆纸面工作。

后记

本书写到这里已经结束，不得不说，本书的写成得益于控制计划的功劳。在写作前，我确立了写作大纲，确定了时间计划，这些都将成为控制的规范；然后，我会不定时地检查写作内容是否偏离大纲、写作时间相比计划是否已经延迟，如果出现偏差，便及时扭转偏差，最终得以按时完成书稿的写作。

虽然本书到这里已经结束，但控制计划过程永不停歇，随着组织导入新产品、产品和过程发生变更、问题发生和解决，对控制计划的创建、更新以及对方法论本身的优化改进还将一直持续下去。

把控制计划表格填满也许很容易，但真正掌握控制计划方法，几乎控制住所有可能发生的问题，却是不容易的事情。如果想掌握这种办法，给顾客、组织和自己带来收益，就需要多研读控制计划方法类书籍，多制作和更新控制计划，多利用实际发生的问题来反思控制计划的不足之处。这些实际的问题可能来源于内外部抱怨，这时候，不断地反思以下问题可以帮助找到控制计划的改进之处：发生了什么问题？问题为什么没有被控制住？控制计划在哪些地方做得不足？下次如何改进？

把改进后的控制计划内容和方法继续用在组织的产品和过程中，继续寻找机会反思控制计划的不足之处，持续改进控制计划。随着控制计划内容和方法的不断成熟，产品和过程也将变得越来越稳定，产品和过程质量将会持续获得相关方的满意，生产不合格造成的成本损失也始终处在较低水平。

每个人都生活在其他人或自己创造的劳动成果之中，如果每个人都可以应用控制计划、用好控制计划，那我们使用的每个产品、经历的每个过程、面对的每种环境都将处于稳定的合格状态。那样的话，我们每天都可以安心地享受健康、平安、快乐和幸福的工作和生活！这种状态真令人向往！

努力地去控制潜在问题吧，努力地学习和应用控制计划吧，把事物控制在理想状态是控制计划的终极目标！

作者